DIE 100 BESTEN REZEPTE AUS ALLER WELT

BROT

und pikantes Gebäck

AUSGEWÄHLT VON CHRISTIAN TEUBNER

DIE 100 BESTEN REZEPTE AUS ALLER WELT

BROT
und pikantes Gebäck

AUSGEWÄHLT VON CHRISTIAN TEUBNER

Inhalt

FÜR 4 PORTIONEN!

Wenn nicht anders angegeben, sind die Rezepte grundsätzlich für 4 Portionen.

Brot – immer wieder anders

DABEI SIND DIE ZUTATEN SO GUT WIE DIESELBEN: ETWAS MEHL ODER SCHROT, WASSER, SALZ UND MEIST NOCH EIN LOCKERUNGSMITTEL.

Seit jeher zählt Brot in seinen vielen Formen zu den wichtigsten Nahrungsmitteln des Menschen – mindestens dort, wo Getreideanbau bekannt und durchführbar war. Freilich – die Auswahl war nicht immer derart groß. So fand man in steinzeitlichen Pfahlbauten flache gebackene Fladen aus ungesäuertem Getreidebrei. Diese Brotvorläufer waren wohl nur warm genießbar, denn kalt wurden sie trocken und steinhart. Ein großer Fortschritt in der Geschichte des Brotbackens war daher die Entdeckung des gelockerten Teiges sowie der Möglichkeit einer Steuerung des Gärprozesses. Bereits die Babylonier – und bald auch die Ägypter – verfügten über dieses Wissen. Dies war nicht zuletzt klimatisch bedingt, denn Gärprozesse brauchen viel Wärme. Bald schon wurden verschiedene Sorten gebacken, die Ägypter kannten über 10, die Griechen im 3. Jahrhundert n. Chr. bereits über 70 Brotsorten, von denen das weiße »artos amylos« aus feinem Weizenmehl der Überlieferung nach das begehrteste war. Im antiken Griechenland verfeinerte man den Brotteig zudem mit verschiedenen Zugaben wie Milch, Öl oder auch Gewürzen. Zur Lockerung verwendeten die Griechen nicht mehr nur Sauerteig, die Herstellung von Hefe aus Hopfen und jungem Weinmost war ihnen vertraut. Nach Rom, wo man sich lange von einem »puls« genannten Getreidebrei ernährte, kam die Kunst des Brotbackens mit griechischen Sklaven. Erst einmal auf den Geschmack gekommen, verlangten die Römer dann aber immer öfter nach »panis«, Brot, um die Jahrtausendwende existierten allein in Rom schon über 300 Bäckereien. Fürs Volk gab es Brote aus grob gemahlenem, gemischtem Mehl – »panis plebeius«, der Kaiserhof hingegen bevorzugte feinste Weizenbrote, »panis palatius«. Wesentlich zur Vervollkommnung der Brotbackkunst beigetragen hat auch der Backofen. Aus der ältesten Form, einem mit Steinen ausgelegten Erdloch, wurde erst ein Zylinderofen aus Lehm, wie er in Ägypten bekannt war, später ein gemauerter Lehmziegelofen, jenen in den alten Dorfbackhäusern ganz ähnlich. In verschiedenen Städten Mitteleuropas schlossen sich die Bäcker ab dem 12. Jahrhundert zu Zünften zusammen, wie etwa in Augsburg; das Backen von Brot funktionierte jetzt – mindestens innerhalb der Städte – organisiert. Das heißt aber nicht, daß die Versorgung damit auch gewährleistet gewesen wäre, immer wiederkehrende Hungersnöte stürzten die Menschen ganz Europas in Verzweiflung. Brot war und wurde zum Synonym für Nahrung schlechthin. Seine Herstellung und alles, was damit zusammenhing, war streng reglementiert, die Achtung vor ihm selbstverständlich. Viele Bräuche ranken sich denn auch um das einfache und doch raffinierte Getreideprodukt. So gibt es spezielle Brote, die nur zur Hochzeit, zu Ostern oder zur Erntedankfeier gebacken werden. Vielerorts glaubt man auch an seine unheilabwehrende Wirkung, Brot und Salz sollen Haus und Hof vor negativen Einflüssen schützen. Die industrielle Brotfabrikation, wie sie heute üblich ist, gibt es erst seit Erfindung von Knet- und Mischmaschinen. Die hierfür oft verwendeten Fertigmehlmischungen tragen jedoch nicht unbedingt zu mehr Geschmack bei. Es lohnt sich also durchaus, das Brotbacken auch selbst wieder einmal zu versuchen. Nicht zuletzt aus gesundheitlichen Gründen, denn weniger ausgemahlenes Mehl ist reicher an Nährstoffen und damit gesünder. Vielleicht kommt man so dem Mythos vom »herrlichen Brot von früher«, das jeder in seiner Kindheit einmal gegessen hat, wieder einen Schritt näher.

Brot in seiner ganzen Vielfalt: ob runde kleine oder große Laibe, flache Fladen, Kastenbrote, Zöpfe, Brezeln oder Brötchen: Brotteig wird rund um die Welt seit jeher in den verschiedensten Formen gebacken und verzehrt.

Getreide, Mehle, Gewürze

VOM RICHTIGEN SCHROT, KORN UND GESCHMACK – DENN ZUM BROTBACKEN MUSS MAN WISSEN, WAS WOZU TAUGT.

Zwar kann man fast jedes Getreide, ob Weizen, Roggen, Hafer, Gerste, Hirse, Mais oder Reis, zu Mehl vermahlen. Doch verbacken lassen sich einige dieser Mehle nicht so ohne weiteres. Das hängt damit zusammen, daß zwar alle Getreidekörner zum großen Teil aus Stärke bestehen, jedoch ansonsten erhebliche Unterschiede in der Zusammensetzung aufweisen, beispielsweise im Proteingehalt. Zum Backen sind die Eigenschaften vor allem eines dieser Eiweißstoffe wichtig, die des Klebers, auch Gluten genannt. Der Kleber ist dafür verantwortlich, daß sich im Teig eine Art Gerüst ausbildet – das im übrigen durch Salzzugabe zusätzlich stabilisiert werden kann –, in dem sich die durch Triebmittel erzeugten Gasbläschen festsetzen, dadurch eine Porung des Teiges bewirken und so eine lockere Krume ergeben. Optimale Backeigenschaften weist der Kleber des Weizenmehls auf; er braucht jedoch eine gewisse Zeit, bevor er richtig arbeiten kann. Deswegen müssen Mürbteige vor der Verarbeitung ruhen und Hefeteige eine Weile kräftig durchgeknetet werden. Pur kann außer Weizen- auch Roggenmehl verbacken werden, dann allerdings mit Sauerteig als Triebmittel, doch für alle übrigen Getreide empfiehlt sich eine Beimischung von Weizenmehl, wenn der Teig schön aufgehen soll.

Unterschiedliche Angebotsformen von Weizen, von oben nach unten: Weizenmehl Type 405, Type 550, Type 1050, Type 1700 und feiner Schrot.

Vor allem rustikalere Brote werden gern aus Mischungen von Weizen- mit Gersten-, Hafer- oder Maismehl gebacken, denn solche Brote haben einen herzhaften Geschmack. Der hängt jedoch nicht allein von der Getreidesorte ab, sondern auch vom Ausmahlungsgrad des Mehls. Dieser Grad ist bei handelsüblichen Mehlsorten an der Typenbezeichnung zu erkennen, die den Mineralstoffgehalt in 100 g Mehl angibt. Der Gehalt ist umso höher, je weniger von den äußeren Schichten des Korns vor dem Mahlen entfernt wurde. Gerade in diesen Bestandteilen stecken jedoch die meisten Mineral- und Ballast- sowie Geschmacksstoffe. Deshalb kann man verkürzt sagen: Je höher die Typenzahl des Mehls, desto höher der Nährwert und desto kräftiger der Geschmack. Ein Weizenmehl der Type 405 (die im Haushalt gebräuchlichste Sorte) hat pro 100 g Mehl einen Mineralstoffanteil von 405 mg, eines der Type 1700 (Weizenvollkornmehl) dagegen 1700 mg. In ähnliche Typenklassen wird hierzulande auch das Roggenmehl eingeteilt. Den Ausmahlungsgrad erkennt man auch an der Farbe des Mehls, denn je heller es wirkt, desto stärker ausgemahlen ist es. Außer Mehl ist fürs Brotbacken auch Schrot von Bedeutung. Für seine Herstellung werden entspelzte ganze Getreidekörner grob zerkleinert oder gar nur gequetscht. Schrotbrote – zu dieser Gruppe gehören die oft auch Vollkornbrote genannten schweren Sorten, wie etwa das Rheinische Schwarzbrot oder der berühmte westfälische Pumpernickel – zeichnen sich durch eine relativ dichte Krume sowie einen leicht süßlichen Geschmack aus. Bei Schrotbroten sind im Anschnitt die grob zerkleinerten Getreidekörner noch deutlich erkennbar.

Weizen **Dinkel** **Roggen** **Mais** **Hafer**

Kräuter, Samen und Gewürze für pikantes Gebäck: (1) Basilikum, (2) Thymian, (3) Schnittlauch, (4) Rosmarinnadeln, (5) Dill und **(6) Knoblauch:** für Brotteige, vor allem aber für pikante Füllungen und Beläge. Knoblauchstückchen und frische Kräuter am besten nicht der direkten Ofenhitze aussetzen. **(7) Pfeffer,** das Universalgewürz für Aroma und Schärfe zugleich.
(8) Pistazien, (9) Sonnenblumen- und **(10) Kürbiskerne** werden in den Teig geknetet oder dienen zum Bestreuen von Broten oder Brötchen. Sie alle sorgen für einen feinen Nußgeschmack. **(11) Rote** und **grüne Chilischoten** geben vor allem südamerikanischen und Texmex-Spezialitäten erst die richtige Schärfe. **(12) Schwarze** und **(13) helle ungeschälte** sowie **(14) geschälte Sesamsamen** sind im östlichen Mittelmeergebiet und im Nahen Osten zum Bestreuen von Fladenbroten und Hefekringeln gebräuchlich. **(15) Zigerklee.** Eine sehr würzige Steinkleeart, deren getrocknete junge Blattspitzen in der Schweiz und in Tirol als Brotgewürz beliebt sind.
(16) Kardamomkapseln, gebleicht. Von kräftig aromatischem Geschmack, der ein wenig an Zitrusfrüchte erinnert. Gemahlen auch gern für Weihnachtsgebäck wie Lebkuchen verwendet. **(17) Bockshornkleesamen** werden vor Gebrauch meist geröstet, da sie roh unangenehm bitter sind. Vor allem im Mittleren Osten und in Indien als Brotgewürz verwendet. **(18) Piment** (auch Nelkenpfeffer oder Neugewürz genannt) schmeckt ein wenig nach Nelken, Zimt und Muskat. Ein klassisches Gewürz für Weihnachtsgebäck. **(19) Mohnsamen** dienen häufig zum Bestreuen von Brötchen. Sie entwickeln ihren nußähnlichen Geschmack erst bei höheren Temperaturen.
(20) Anissamen haben ein lakritzähnliches Aroma, das hierzulande, aber auch im Mittelmeergebiet zum Würzen von Brot geschätzt wird. **(21) Fenchelsamen –** die Pflanze ist nicht nur mit der Anispflanze verwandt, beide Samen haben auch einen recht ähnlichen Geschmack. Wird gemahlen mit Anis, Kümmel und weiteren aromatischen Samen zu fertig angebotenem »Brotgewürz« gemischt, das vor allem für Roggenteige Verwendung findet.
(22) Koriandersamen schmecken süß-scharf und erinnern an Orangen. **(23) Leinsamen** oder Leinsaat sind hierzulande ein klassischer Brotzusatz. Ballaststoff- und fettreich, entwickeln sie nach einer besonderen Behandlung einen nußartigen Geschmack. **(24) Kümmelsamen –** in Mittel- und Osteuropa das Brotgewürz schlechthin, vor allem für Roggenbrote. **(25) Schwarzkümmel,** aromatisch-scharf, dient vor allem in der Türkei und in der arabischen Welt zum Bestreuen von Fladenbroten aus Weizenmehl. **(26) Kreuzkümmel** stammt aus dem Mittelmeerraum und besitzt einen sehr typischen, bitter-scharfen Geschmack.

Gerste

Grundteige für Brot

MIT SAUERTEIG, MIT HEFE ODER MIT EINER KOMBINATION VON BEIDEM: WIE MAN SIE ANSETZT UND WORAUF ES ANKOMMT.

Sauerteig ansetzen:

100 g Roggenmehl Type 997 mit 100 ml Wasser verrühren. Darauf achten, daß das Wasser eine Temperatur von 40 bis 45 °C hat.

Mit Folie und einem Tuch bedeckt 1 bis 2 Tage an einem warmen Ort – bei 25 °C – stehen lassen, bis der Teig säuerlich riecht.

Den Vorgang wiederholen, also den Ansatz mit weiteren 100 g Roggenmehl und 100 ml 40 bis 45 °C warmem Wasser verrühren.

Den Ansatz wiederum mit Folie und Tuch bedecken und erneut 24 Stunden an einem warmen Ort stehen lassen.

Für den letzten Schritt die Mengen verdoppeln: 200 g Roggenmehl mit 200 ml warmem Wasser verrühren und wieder abdecken.

Einen weiteren Tag stehen lassen. Der Teig sollte jetzt säuerlich, aber nicht stark nach Essig riechen, dann ist er gebrauchtsfertig.

Teige, aus denen Brotlaibe geformt werden sollen, bedürfen der Lockerung, die man traditionell auf zwei Arten erzielt: mit Sauerteig oder mit Hefe. Beide verursachen einen Gärprozeß, bei dem Gasbläschen erzeugt werden. Diese durchsetzen den Teig und bilden dadurch Poren. Beim Sauerteig – den man selbst ansetzen, aber auch getrocknet oder flüssig in Reformhäusern und Supermärkten oder auch beim Bäcker kaufen kann – geht das ohne weitere Zusätze: Milch- und Essigsäurebakterien beginnen »spontan« mit der Gärung, wenn dem Mehl Wasser zugesetzt und der Ansatz an einen warmen Ort gestellt wird. Ideal ist es, wenn der Teig möglichst konstant

Sauerteig mit Hefe ansetzen:

Zunächst 15 g Hefe unter Rühren in 1/4 l Wasser auflösen. Das Wasser muß 40 bis 45 °C warm sein.

Die aufgelöste Hefe mit einem Rührlöffel nach und nach unter 125 g Roggenmehl Type 1150 mischen.

Den Ansatz glattrühren, mit Folie und einem Tuch abdecken und für 24 Stunden an einen warmen Ort stellen.

125 g Roggenmehl und 1/8 l Wasser unterrühren. Zugedeckt für 3 Tage an einen warmen Ort stellen, bis der Teig Blasen wirft.

eine Temperatur von 25 °C behält. Das Wasser, das man zugibt, sollte deshalb eine Temperatur von 40 bis 45 °C haben. Nur dann werden die Milchsäurebakterien richtig aktiv.

DIE TEMPERATUR IST WICHTIG

Bei niedrigeren Temperaturen beginnen überwiegend Essigsäurebakterien zu arbeiten, wodurch der Sauerteig unbrauchbar werden kann. Man erkennt das an einem starken Essiggeruch des Ansatzes. Während der Gärphase sollte man den Sauerteig mit einem Stück Klarsichtfolie abdecken; so werden Feuchtigkeit und Temperatur besser gehalten. Sauerteig wird überwiegend für Roggenbrote verwendet. Würde man Roggenmehl nur mit Hefe verarbeiten, könnte das Brot – bedingt durch die spezifischen Backeigenschaften dieses Mehls – keine Krume ausbilden. Erst die Säure des Sauerteigs bewirkt, daß die von den Gasbläschen im Roggenteig erzeugten Poren auch beim Backen stabil bleiben. Lediglich eine Mischung von Sauerteig und Hefe ergibt bei Roggenmehl ein ähnliches Resultat. Benutzt man dagegen Weizenmehl, braucht man keinen Sauerteig – Hefe reicht zum Lockern aus. Für einen Hefeteig sollten alle Zutaten Zimmertemperatur haben und das zugegebene Wasser 40 bei 45 °C warm sein, so daß der Teig eine Temperatur erreicht, bei der sich die Hefe optimal vermehren kann. Backhefe kommt hierzulande frisch, in Würfel von 42 g gepreßt, oder als Trockenhefe, in Tütchen mit 7 g Inhalt verpackt, in den Handel. Ein Tütchen Trockenhefe entspricht dabei 25 g frischer Hefe.

Sauerteig und Backhefe sind die klassischen Teiglockerungsmittel fürs Brotbacken.

Einen einfachen Hefeteig ohne Vorteig zubereiten:

300 g Weizenmehl Type 550 und 1/2 TL Salz mischen. 20 g frische Hefe zerbröckeln und in 150 ml lauwarmes Wasser rühren.

2 EL Pflanzenöl unter die Hefelösung mischen und die Flüssigkeit zu dem Mehl-Salz-Gemisch gießen.

Die Flüssigkeit zunächst mit einem Rührlöffel nach und nach mit immer mehr Mehl verrühren, bis der Teig fester wird.

Den Teig mit einem Teigschaber herausnehmen und mit den Händen auf einer bemehlten Arbeitsfläche weiterverarbeiten.

Den Teig mindestens 5 Minuten kräftig mit den Händen durchkneten, damit er glatt und elastisch wird.

Zu einer Kugel formen und den Teig in eine Schüssel legen. Mit etwas Mehl bestauben und mit einem sauberen Tuch abdecken.

An einem warmen Ort 30 Minuten gehen lassen, bis der Teig sein Volumen verdoppelt hat.

Aus getrocknetem Mais kann ein süßlich schmeckendes Mehl gewonnen werden. Da dieses keinen Kleber enthält, muß es in Hefeteigen mit Weizenmehl gemischt werden.

Pan de cebada

TRADITIONELL WIRD DAS LANDBROT MIT GERSTE UND MAIS ZU GEGRILLTEN SARDINEN GEGESSEN.

Dies schwere, kräftig schmeckende Vollkornbrot ist eine Spezialität aus Galizien. Zum Formen gibt es zwei Möglichkeiten: Entweder man backt das Brot in einer Kastenform von 30 cm Länge, oder man läßt den Teig in einem runden Brotformkörbchen von 24 cm Durchmesser gehen, so erhält man einen runden Laib. Wer »Pan de cebada« mit gegrilltem Fisch servieren möchte, braucht außerdem 500 g frische, ausgenommene Sardinen. Die Fische von Kopf und Mittelgräte befreien – dabei darauf achten, daß die Filets am Schwanzende noch zusammenhängen. Die Filets waschen, trockentupfen, salzen, pfeffern und mit etwas Öl beträufeln. Unter dem vorgeheizten Grill von jeder Seite 1 Minute grillen und, falls gewünscht, mit ein wenig gehackter Petersilie bestreuen. Die ideale Ergänzung dazu: 1/2 cm breite Streifen von roter Paprikaschote und zunächst halbierte, dann in 1/2 cm breite Spalten geschnittene Zwiebeln, die ebenfalls kurz (2 Minuten auf jeder Seite) unter den Grill wandern. Das Gemüse salzen, pfeffern und mit den Sardinen servieren.

Brot, Sardinen und Gemüse. Man kann die Fische, hier noch begleitet von gegrilltem Paprika und Zwiebeln, gleich auf dem aufgeschnittenen, frisch gebackenen Brot anrichten, beides aber auch separat reichen.

Zu »Pan de cebada«, was nichts anderes als »Gerstenbrot« bedeutet, schmecken auch Räucherfisch oder herzhafte Leberpasteten sehr gut.

Für 2 Brote
200 g feines Maismehl
875 ml Wasser
125 g Gerstenmehl
675 g Weizenvollkornmehl
60 g frische Hefe
4 EL lauwarmes Wasser, 4 TL Salz
Außerdem:
Öl für die Formen oder das Blech

1. Das Maismehl mit dem Wasser unter Rühren aufkochen und handwarm abkühlen lassen. Gersten- und Weizenmehl in einer Schüssel mischen. Die Hefe in 4 Eßlöffel lauwarmem Wasser auflösen und mit dem Salz unter das Mehl rühren. Den Maisbrei unterkneten, am besten geht das in der Küchenmaschine. Den Teig zur Kugel formen und zugedeckt 30 bis 45 Minuten gehen lassen, bis sich das Volumen verdoppelt hat.

2. Den Teig durchkneten und halbieren. In die gefetteten Kastenformen oder in die Brotformkörbchen legen und erneut 30 bis 40 Minuten gehen lassen. Die Brote aus den Körbchen auf ein gefettetes Backblech stürzen.

3. Die Brote zunächst bei 230 °C im vorgeheizten Ofen etwa 10 Minuten backen, dann die Temperatur auf 200 °C herunterschalten und die Laibe in 30 bis 40 Minuten fertigbacken.

Paprikabrot

EIN TEIG – ZWEI BELÄGE: EINMAL MIT PAPRIKA UND OLIVEN, EINMAL MIT HUHN UND GEMÜSE.

Paprikabrot
Für den Teig:
500 g Weizenmehl Type 405, 20 g frische Hefe
1 Prise Zucker, 100 ml lauwarmes Wasser
150 ml frisch gepreßter Orangensaft
1 Ei, 50 g weiches Schweineschmalz
1/4 TL Abgeriebenes von unbehandelter Orange
1 TL Salz
Für den Belag:
1 kg rote Paprikaschoten, 3 Knoblauchzehen
Salz, frisch gemahlener Pfeffer
100 g schwarze Oliven, 80 ml Olivenöl
Außerdem:
1 Backblech von 35 x 43 cm
weiches Schweineschmalz für das Blech

»Pan con pollo y verdura« bäckt man am besten in einer Piefom von 28 cm Durchmesser. Beim Einlegen des ausgerollten Teiges einen kleinen Rand formen und diesen mit etwas Mehl bestauben.

1. Aus Mehl, Hefe, Zucker und Wasser einen Vorteig rühren, gehen lassen. Orangensaft durch ein Sieb gießen und erwärmen. Ei und Schmalz verkneten. Mit Orangensaft und -schale sowie dem Salz zum Vorteig geben und alles zu einem glatten Teig verkneten. An einem warmen Ort gehen lassen, bis sich sein Volumen verdoppelt hat.

2. Die Paprikaschoten bei 220 °C im vorgeheizten Ofen backen, bis die Haut Blasen wirft. Herausnehmen, in eine Plastiktüte legen und »schwitzen« lassen. Die Haut abziehen. Stielansätze und Samen entfernen, das Fruchtfleisch in 1/2 cm dicke Scheiben schneiden. Knoblauch schälen, in Scheiben schneiden.

3. Das Backblech mit Schmalz ausstreichen. Den Teig auf einer bemehlten Arbeitsfläche ausrollen und auf das Blech legen. Paprikastücke leicht überlappend auf dem Teig anordnen, die Knoblauchscheiben dazwischen verteilen. Salzen und pfeffern. Das Paprikabrot bei 200 °C im

vorgeheizten Ofen 15 Minuten backen. Dann die Oliven auflegen und alles weitere 5 Minuten backen. Das Brot herausnehmen, mit dem Olivenöl beträufeln und noch warm servieren.

Brot mit Huhn und Gemüse
Für den Belag:
250 g Hähnchenfleisch ohne Knochen (Brust, Keule)
Salz, frisch gemahlener Pfeffer, 5 EL Olivenöl
80 g Aubergine, 150 g Zucchini, 70 g Zwiebeln
1 rote Chilischote (ohne Samen), 2 Knoblauchzehen
40 g schwarze Oliven, 1 EL gehackte Petersilie

1. Für den Teig die Zutatenmengen für das Paprikabrot halbieren, doch statt der Orangenschale 1 Messerspitze Zitronenschale und statt eines ganzen Eis 1 Eigelb nehmen. Den Teig zubereiten und gehen lassen, wie oben beschrieben.

2. Das Hähnchenfleisch würzen. In 2 EL erhitztem Öl von jeder Seite 1 bis 2 Minuten anbraten, in Scheiben schneiden. Das Gemüse putzen. Die Aubergine längs halbieren und quer in etwa 2 mm dicke Scheiben schneiden. Die Zucchini längs in 2 mm dicke Scheiben schneiden. Zwiebeln und Chilischote in dünne Ringe schneiden. Den Teig ausrollen, in die mit Öl gefettete Form geben, belegen. Knoblauch fein hacken, mit dem restlichen Öl vermischt auf dem Brot verteilen. 20 Minuten bei 200 °C backen, dann die Oliven auflegen und weitere 5 Minuten backen. Aus dem Ofen nehmen, mit Petersilie bestreuen.

Hornazo

GEFÜLLTE BROTE WIE DIESES ZIEREN IN KASTILIEN ZU OSTERN DIE FESTTAFEL.

In diesem Rezept werden Schinkenspeck und Chorizo, eine scharfe Paprikawurst, die traditionell zur Füllung gehören, durch Hackfleisch ersetzt. Es sind aber auch Kombinationen mit anderen Wurstsorten oder Kochschinken möglich.

Für den Teig:
500 g Weizenmehl Type 550, 1 TL Salz
1/8 l lauwarme Milch, 1/8 l lauwarmes Wasser
35 g frische Hefe, 1 Ei
Für die Füllung:
1 Knoblauchzehe, 40 g Zwiebel, 1 Ei
je 200 g Hackfleisch von Rind und Schwein
1 EL gehackte Petersilie
Salz, frisch gemahlener Pfeffer
200 g Morcilla (spanische Blutwurst)
4 hartgekochte Eier, 1 verquirltes Ei zum Bestreichen

1. Das Mehl in eine Schüssel sieben und das Salz untermischen. Die Hefe in Milch und Wasser auflösen, alles mit dem Ei und dem Mehl zu einen geschmeidigen Teig verkneten. Zugedeckt etwa 30 Minuten gehen lassen, bis der Teig das Doppelte an Volumen erreicht hat.

Spanische Schweine liefern Fleisch bester Qualität, besonders, wenn sie ihr Futter – wie hier in der kargen Landschaft Kastiliens – im Freien suchen. Damit ist ein »Geheimnis« gelüftet, das hinter dem besonderen Aroma der Morcilla steckt.

2. Den Teig auf einer bemehlten Arbeitsfläche durchkneten, etwas davon für die Garnitur zurückbehalten und den restlichen Teig zu einer Platte von 30 x 40 cm ausrollen.

3. Den Knoblauch schälen und fein zerdrücken. Die Zwiebel schälen und fein hacken. Mit dem Ei, dem Hackfleisch und der Petersilie vermischen, salzen und pfeffern. Die Teigplatte in der Mitte der Länge nach mit der Hälfte der Füllung bestreichen. Die Blutwurst in 4 Stücke schneiden und abwechselnd mit den Eiern auf die Hackfleischmasse setzen. Eier und Wurst mit dem restlichen Fleischteig vollständig bedecken.

4. Die Teigränder mit verquirltem Ei bestreichen und leicht überlappend über die Füllung schlagen. Die Enden der Teigrolle verschließen. Ein Backblech fetten und die Teigrolle umgedreht auf das Blech setzen. Den größten Teil des zurückbehaltenen Teiges ausrollen, daraus kleine Blätter ausstechen, mit einem Messer »Blattadern« eindrücken und die Teigrolle damit belegen. Erneut etwa 30 Minuten gehen lassen, bis sich das Volumen sichtbar vergrößert hat.

5. In die Teigrolle 2 Löcher von 2 cm Durchmesser schneiden, durch die beim Backen entstehender Dampf entweichen kann. Die Ränder der Öffnungen mit Ei bestreichen. Aus dem restlichen Teig Ringe formen und diese um die Öffnungen legen. Doppelt gefaltete Alufolie zu Kaminen rollen und in die Löcher stecken. Die Oberfläche des Brotes mit dem restlichen Ei bestreichen.

6. Das gefüllte Brot bei 200 °C im vorgeheizten Ofen 50 bis 60 Minuten backen. Die Alufolie entfernen und das Brot warm oder kalt servieren.

Empanada a la gallega

FLEISCHPASTETE AUF GALIZISCHE ART – SO OPULENT MUSS SIE SEIN: MIT FILET, SCHINKEN UND PAPRIKA.

Für den Teig:
750 g Weizenmehl Type 405
50 g frische Hefe
1/8 l lauwarmes Wasser
1/8 l lauwarme Milch
100 g Butter, 2 Eier, Salz
Für die Füllung:
400 g Schweinefilet
400 g gekochter Schinken
180 g Zwiebeln
2 Knoblauchzehen
je 300 g rote und grüne Paprikaschoten
200 g Tomaten
100 ml Olivenöl
1/8 l Rotwein, 1 Lorbeerblatt
Salz, frisch gemahlener Pfeffer
1 EL edelsüßes Paprikapulver
1 Messerspitze Safranpulver

Frische Zutaten bester Qualität für die Füllung, ein guter Rotwein, in dem alles schmort, und ein lockerer Hefeteig: Damit wird die selbstgemachte Empanada garantiert ein Erfolg.

Empanadas sind eine Spezialität der nordwestlichsten Provinz Spaniens, Galizien. Die goldgelbe Teigkruste kann vielerlei Füllungen verbergen – aber gut gewürzt sind sie immer.

Außerdem:
Butter für das Backblech
1 Ei zum Bestreichen

1. Das Mehl in eine Schüssel sieben und in die Mitte eine Mulde drücken. Die Hefe hineinbröckeln, mit Wasser und Milch auflösen und dabei etwas Mehl vom Rand mit untermischen. Den Ansatz mit Mehl bestauben. Die Schüssel mit einem sauberen Tuch abdecken und den Teig an einem warmen, zugfreien Ort 10 bis 15 Minuten gehen lassen, bis die Oberfläche Risse zeigt.

2. Die Butter zerlassen, leicht abkühlen lassen und mit den Eiern sowie dem Salz zum Vorteig geben. Alles zu einem geschmeidigen Teig verkneten. Zugedeckt gehen lassen, bis er das Doppelte seines Volumens erreicht hat.

3. Für die Füllung das Fleisch und den Schinken in etwa 1/2 cm große Würfel schneiden. Zwiebeln und Knoblauch schälen und fein hacken. Die Paprikaschoten waschen, halbieren, Stielansätze, Samen und Scheidewände entfernen, das Fruchtfleisch etwa 1/2 cm groß würfeln. Die Tomaten blanchieren, häuten, halbieren, Stielansätze und Samen entfernen und das Fruchtfleisch in größere Stücke schneiden.

4. Das Öl in einer Pfanne erhitzen und Zwiebeln sowie Knoblauch darin hellbraun anbraten. Das Fleisch und den Schinken kurz mitbraten. Paprika und Tomaten zufügen, ebenfalls kurz mitbraten und den Wein angießen. Das Lorbeerblatt einlegen. Mit Salz, Pfeffer, Paprikapulver sowie Safran würzen und alles so lange schmoren, bis die Flüssigkeit verdampft ist. Abkühlen lassen.

5. Den Teig durchkneten und halbieren. Jede Hälfte auf der leicht bemehlten Arbeitsfläche zu Rechtecken in der Größe des Backbleches ausrollen. Dieses einfetten, eine Teigplatte auflegen und an den Rändern andrücken. Die abgekühlte Füllung darauf verteilen, dabei einen Rand freilassen. Die zweite Teigplatte auflegen und die Ränder gut festdrücken. Die Oberfläche mehrmals mit einer Gabel einstechen, mit dem verquirltem Ei bestreichen und die Pastete bei 190 °C im vorgeheizten Ofen in 35 bis 40 Minuten goldbraun backen.

Vor dem Backen sollte man in der Mitte der Teigoberfläche ein Loch von 2 cm Durchmesser ausstechen und einen Kamin aus doppelt gefalteter Alufolie einsetzen. Durch ihn kann der während des Garens entstehende Dampf entweichen. Vor dem Servieren wird die Folie wieder entfernt.

Empanada con relleno de conejo

DIE GALIZISCHE PASTETE MIT EINER FÜLLUNG VON KANINCHENFLEISCH UND GEMÜSE KANN WARM ODER KALT SERVIERT WERDEN.

1 kg Kaninchenteile (ergibt 600 g Fleisch)
Salz, frisch gemahlener Pfeffer
Für die Marinade:
100 g Zwiebeln, 2 Knoblauchzehen
1 Lorbeerblatt, 1 Rosmarinzweig
3 Thymianzweige, 3 Salbeiblätter
4 EL Rotweinessig (5 % Säure), 5 EL Olivenöl
Für den Teig:
300 g Weizenmehl Type 405, 150 g feines Maismehl
1/2 TL Salz, 2 Eier, 85 g Schweineschmalz, 90 g Butter
1 EL Olivenöl, 2 EL Wasser
Für die Füllung:
Salz, frisch gemahlener Pfeffer
je 100 g rote und grüne Paprikaschote
80 g Möhren, 50 g Lauch, 50 g Stangensellerie
3 EL Olivenöl, 1 EL edelsüßes Paprikapulver
200 ml spanischer Rotwein
Außerdem:
1 Eigelb, mit 3 EL Wasser verquirlt
1 Quicheform von 28 cm Durchmesser

Die Kaninchenteile salzen, pfeffern und marinieren. Dafür Zwiebeln und Knoblauch schälen, fein würfeln und weiterverfahren, wie im ersten Bild der Folge gezeigt. Inzwischen das Weizenmehl für den Teig sieben, das Maismehl untermischen und in die Mitte eine Mulde drücken. Die übrigen Zutaten zufügen und alles schnell zu einem glatten Teig verkneten. Zur Kugel formen, in Folie wickeln und 1 Stunde kühl stellen. Kaninchenfleisch aus der Marinade nehmen – 4 EL der Flüssigkeit aufbewahren – und das Fleisch abtropfen lassen und auslösen. Das Gemüse für die Füllung putzen und fein würfeln. Die Farce zubereiten, wie im zweiten und dritten Bild gezeigt; die Flüssigkeit sollte nach dem Braten fast verdampft sein. Die Kräuter entfernen und die Füllung würzen. Die Hälfte des Teigs so groß ausrollen, daß er den Formrand nach dem Auslegen um etwa 1,5 cm überragt. Die Form mit dem Teig auskleiden, den Rand fest andrücken und ringsum in der angegebenen Höhe abschneiden. Weiterverfahren, wie auf dem vierten Bild gezeigt. Die zweite Teighälfte dünn ausrollen und daraus einen Deckel ausschneiden, der ringsum ebenfalls 1,5 cm größer ist als die Form, und auf die Füllung legen. Aus dem restlichen Teig etwa 1 cm breite, gezackte Streifen für das Gitter ausradeln und weiterverfahren, wie im letzten Bild gezeigt. Bei 200 °C im vorgeheizten Ofen etwa 45 Minuten backen.

Das Fleisch mit Zwiebeln, Knoblauch und Kräutern bestreuen, mit Essig und Öl beträufeln. 4 bis 5 Stunden im Kühlschrank marinieren, zwischendurch wenden.

Das marinierte, ausgelöste Fleisch mit dem Gemüse durch den Fleischwolf drehen. Das Öl in einer Pfanne erhitzen und die Masse darin anbraten.

Mit Paprikapulver bestauben, kurz mitbraten. Mit Wein ablöschen. 4 EL der Marinade und die Kräuter daraus zugeben. 20 Minuten köcheln lassen.

Die ausgekühlte Füllung gleichmäßig auf dem Teigboden verteilen. Den überstehenden Teigrand auf der Innenseite mit Eigelb bestreichen.

Die Oberfläche mit Eigelb bestreichen, die Streifen als Gitter auflegen und bestreichen. Rand umschlagen und rundum mit einem Teigkneifer einkerben.

Empanadillas

KNUSPRIGE BLÄTTERTEIGTASCHEN MIT EINER GUT GEWÜRZTEN LAMMFLEISCHFÜLLUNG.

Nach dem unten stehenden Rezept zubereitet, reichen die Empanadillas, um sie auf einer größeren Party anbieten zu können. Benötigt man nicht so viele Teigtaschen, kann man natürlich die Zutatenmengen entsprechend reduzieren. Bei der Verwendung von tiefgekühltem Blätterteig, der qualitativ selbstgemachtem oft in nichts nachsteht, kann man sich die Zubereitung noch dadurch vereinfachen, daß man fertig ausgerollte und gleich in der passenden Größe (hier werden Quadrate von 12 x 12 cm benötigt) zugeschnittene Platten kauft – die müssen dann nur noch auftauen.

Für 30 Stück
3 Packungen tiefgekühlter Blätterteig zu je 450 g
Für die Füllung:
60 g Zwiebel, 1 Knoblauchzehe
je 75 g rote und grüne Paprikaschote
600 g Lammfilet, 50 g grüner Speck
100 g Knoblauchwurst
4 EL Olivenöl, 1/8 l Rotwein
Salz, frisch gemahlener Pfeffer
1 EL edelsüßes Paprikapulver
1/2 TL Thymianblättchen
einige Rosmarinnadeln
Außerdem:
2 Eigelbe, mit 4 EL Milch verquirlt

Zu den gefüllten Blätterteigtaschen kann man seinen Gästen beispielsweise einen Gemüsesalat aus verschiedenfarbigen Paprikawürfeln und weißer Zwiebel reichen.

1. Den Blätterteig auftauen lassen. Für die Füllung die Zwiebel und den Knoblauch schälen, beides fein hacken. Die Paprikaschoten von Stielansatz, Samen und Scheidewänden befreien und

das Fruchtfleisch in etwa 1/2 cm große Würfel schneiden. Das Lammfilet, den Speck sowie die Knoblauchwurst in Stücke schneiden und durch die grobe Scheibe des Fleischwolfs drehen.

2. In einer Pfanne das Öl erhitzen und Zwiebel sowie Knoblauch darin hell anschwitzen. Die Fleischmasse zufügen und unter Rühren anbraten. Mit dem Rotwein ablöschen und bei mittlerer Hitze 20 Minuten schmoren lassen; die Flüssigkeit sollte dann fast vollständig eingekocht sein. 5 Minuten vor Ende der Garzeit die Paprikawürfel zufügen. Die Masse salzen, pfeffern, mit Paprikapulver bestreuen und die Thymianblättchen sowie Rosmarinnadeln unterrühren. Die Füllung etwas abkühlen lassen.

3. Falls nötig, die Blätterteigplatten dünn ausrollen und daraus Quadrate von 12 x 12 cm schneiden. In die Mitte der Blätterteigquadrate je 1 EL der Füllung setzen. Die Ränder mit etwas verquirltem Ei bestreichen und den Teig zu Dreiecken zusammenfalten. Die Ränder mit einer Gabel fest aufeinanderdrücken.

4. Die gefüllten Blätterteigtaschen auf ein mit Wasser benetztes Backblech setzen und mit dem restlichen Ei bestreichen. Bei 200 °C im vorgeheizten Ofen etwa 20 Minuten backen.

Hefeschnecken formen: Dazu die Teigstränge – mit dem dickeren Ende beginnend – so anordnen, daß sie in der Mitte etwas enger zusammengerollt sind als am Rand. Das dünn auslaufende Ende des Teigstrangs schlägt man unter die äußere Windung.

Hefeschnecken

DIE VARIATION EINES GEBÄCKS, DAS AUF MALLORCA GERN ZUM FRÜHSTÜCK GEGESSEN WIRD.

Die Form der Schnecken in diesem Rezept ist den »Ensaimadas« aus Mallorca nachempfunden, die Rezeptur allerdings nicht in jedem Detail – leitet sich der Name »Ensaimada« doch schließlich von »saim« ab, dem mallorquinischen Wort für Schweineschmalz. Hier dagegen kommt ein neutrales Olivenöl in den Teig, idealerweise natürlich ein spanisches »Aceite extra virgen«. Den Tag mit solchen Hefeschnecken beginnen zu lassen, ist gewiß keine schlechte Idee, vor allem, da man sie bequem schon am Abend zuvor zubereiten und über Nacht gehen lassen kann – wenn die im Rezept angegebene letzte Gehzeit überschritten wird, führt das keineswegs zu einem Qualitätsverlust, ganz im Gegenteil: Der Sauerteig kann dann noch besser arbeiten. Mallorquinische Bäcker halten sich traditionell sogar an Gehzeiten, die zwischen 14 und 24 Stunden liegen. Hat man keinen Sauerteig vom letzten Brotbacken übrig, kann man auch für diesen hellen Teig ohne weiteres den dunklen fertigen Sauerteig nehmen, den man in Päckchen abgepackt kaufen kann. Die hier verwendete Menge ist so gering, daß sie der schönen Farbe des Teiges nichts anhaben kann. Noch besser ist allerdings dran, wer von seinem Bäcker helleren Sauerteig bekommen kann.

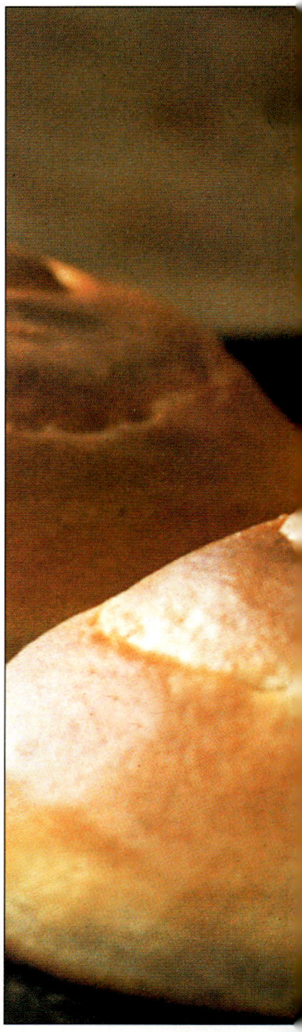

Wie flachgedrückte Turbane sehen die fertiggebackenen Hefeschnecken aus. Da die Teigstücke vor dem Backen verhältnismäßig lange gehen müssen, wird die Krume großporig und locker.

Oliven der Sorte Arbequina, die hier von katalonischen Bauern mühsam von Hand geerntet werden, ergeben ein hochwertiges Öl mit sanftem, nussigem und leicht süßlichem Geschmack – ideal für Gebäck.

Für 10 Stück
750 g Weizenmehl Type 550
1/2 TL Salz
125 g Zucker
30 g frische Hefe
1/4 l lauwarmes Wasser
2 Eier
60 g Sauerteig
50 ml Olivenöl
Außerdem:
Fett für das Backblech

1. Das Mehl in eine Schüssel sieben und mit Salz und Zucker mischen. Die Hefe unter Rühren im lauwarmen Wasser auflösen. Die Eier in einer kleinen Schale leicht miteinander verschlagen. Die Hefelösung, die Eier, den Sauerteig und das Olivenöl zum Mehl geben. Alles zunächst verrühren und dann mit den Händen zu einem geschmeidigen Teig verkneten. Sollte er kleben, noch etwas Mehl unterarbeiten. Den Teig zu einer Kugel formen, in eine Schüssel legen, mit einem Tuch zudecken und an einem warmen, zugfreien Ort 60 bis 90 Minuten gehen lassen, bis sich sein Volumen verdoppelt hat.

2. Den Teig erneut durchkneten und in 10 Portionen von je 150 g teilen. Jedes Teigstück auf einer leicht bemehlten Arbeitsfläche zu einer Kugel formen – der Fachmann nennt dies »rundschleifen« – und zugedeckt erneut 15 Minuten ruhen lassen, damit sich der Teig besser formen läßt.

3. Mit feuchten Händen die Teigkugeln zu mindestens 75 cm langen Strängen rollen, die an einem Ende dünner werden. Jeden Strang zu einer Schnecke formen, wie auf dem Bild oben links gezeigt.

4. Ein Backblech fetten und die Teigschnecken mit großzügigem Abstand darauflegen, so daß sie später nicht zusammenbacken. Mit einem Tuch zudecken und weitere 6 Stunden gehen lassen. Die Teigschnecken bei 200 °C im vorgeheizten Ofen 5 bis 10 Minuten backen.

Milchbrot aus der Provence

DIESES FLADENBROT, IN SEINER HEIMAT »FOUACE« GENANNT, SCHMECKT WARM AM BESTEN.

In der Provence wird dieses Brot statt mit der hier vorgeschlagenen normalen Zitronenschale auch mit kandierten Zitronenschalen gebacken, wodurch der Teig einen Hauch Süße erhält. Darüber hinaus stehen Anis oder Safran als Gewürze zur Auswahl, aber auch Rosmarinnadeln oder andere, feingehackte Kräuter. Das kleingeschnittene Fruchtfleisch schwarzer Oliven oder gar kleine Speckstücke dürfen untergemengt werden, ohne daß dies ein Stilbruch wäre. Auf diese Weise läßt sich das vielseitige Fladenbrot mühelos den unterschiedlichsten Anlässen anpassen.

Charakteristisch für dieses Brot sind die tiefen Einschnitte, die den langgezogenen Fladen in einzelne Portionsstücke teilen.

Rosmarin ist nur eines der duftenden, würzigen Küchenkräuter, die im Garten des malerischen Klosters Senanque in der Provence so üppig gedeihen.

400 g Weizenmehl Type 405
18 g frische Hefe, 1 TL Zucker, 1/8 l lauwarme Milch
2 Eier, 1 1/2 TL Salz
abgeriebene Schale von 1/2 unbehandelten Zitrone
80 g weiche Butter
Zum Bestreichen:
1 Eigelb, 1/2 TL Salz

1. Das Mehl in eine Schüssel sieben und in die Mitte eine Mulde drücken. Die Hefe hineinbröckeln, den Zucker zufügen und beides mit der

Milch auflösen, dabei etwas Mehl vom Rand her untermischen. Den Ansatz mit Mehl bestauben, mit einem sauberen Tuch abdecken und an einem warmen, zugfreien Ort gehen lassen, bis die Oberfläche Risse zeigt.

2. Eier, Salz und Zitronenschale gut mit dem Vorteig vermengen. Den Teig auf einer bemehlten Arbeitsfläche etwa 10 Minuten kneten. Dabei den Teig immer wieder »schlagen«, das heißt auf die Arbeitsfläche klatschen, damit die Luft entweichen kann. Die Butter unter den Teig kneten und diesen zu einer Kugel formen. Die Schüssel mit Mehl ausstauben und den Teig hineinlegen. Mit dem Tuch abdecken und den Teig gehen lassen, bis sich sein Volumen fast verdoppelt hat.

3. Den Teig nochmals kurz durchkneten und auf einer bemehlten Arbeitsfläche zu einem Fladen von etwa 40 x 20 cm ausrollen. Den Fladen quer mehrfach tief einschneiden, dabei an den langen Seiten jeweils einen 2 cm breiten Rand lassen. Die Einschnitte mit den Fingern vorsichtig etwas auseinanderziehen.

4. Ein Backblech mit Mehl bestauben und das Brot vorsichtig darauflegen; dabei darauf achten, daß sich die Einschnitte nicht wieder schließen. Das Brot zugedeckt nochmals 15 Minuten gehen lassen. Eigelb und Salz verrühren, das Brot damit bestreichen. Den Brotlaib bei 210 °C im vorgeheizten Ofen etwa 20 Minuten backen. Aus dem Ofen nehmen und noch warm servieren.

Baguette

DIE LANGEN DÜNNEN STANGENBROTE SCHEINEN FAST NUR AUS KNUSPRIGER KRUSTE ZU BESTEHEN.

Französischer geht's kaum: Gehört Baguette in Frankreich doch zum Essen wie das Salz zur Suppe. In den zahllosen Boulangerien, aber auch im »supermarché« gibt es das köstliche Weißbrot täglich frisch, auch sonntags kommt es knusprig aus dem Ofen; Brot einzukaufen ist auch an diesem Tag ganz selbstverständlich. Gebacken werden die langen Brote mehr oder weniger dick, die breitere Variante nennt man Baguette, die dünnere heißt bezeichnenderweise »flûte« – Flöte. Meist schneidet man ein solches Brot nicht mit dem Messer, sondern bricht sich einfach bei Tisch ein Stück ab. Eine Ausnahme machen hier die »sandwiches«, welche, dick mit Schinken oder Käse belegt, der ideale Proviant für längere Ausflüge sind. Kauft man allerdings hierzulande beim Bäcker ein Baguette, wird man auf ganz unterschiedliche Weißbrote in Stangenform treffen. Wer sich dem Original annähern möchte, sollte daher im Zweifel sein Baguette lieber selbst backen – was mit dem unten angegebenen Rezept überhaupt kein Problem ist.

Für 6 Stück
1 kg Weizenmehl Type 550, 4 TL Salz
42 g frische Hefe
etwa 3/4 l lauwarmes Wasser
Außerdem:
1/2 Eiweiß, 75 ml Wasser, Mehl für das Blech

1. Das Mehl in eine Schüssel sieben und mit dem Salz vermischen. Die Hefe in etwas Wasser auflösen und mit dem restlichen Wasser nach und nach unter das Mehl rühren, bis ein geschmeidiger Teig entsteht. Den Teig mit den Händen 10 Minuten oder mit der Küchenmaschine 5 Minuten kneten. Zu einer Kugel formen, in die Schüssel legen und mit Mehl bestauben. Die Schüssel mit einem sauberen Tuch abdecken und den Teig 5 bis 6 Stunden gehen lassen.

2. Den Teig auf einer bemehlten Arbeitsfläche erneut durchkneten. Sollte er feucht sein, so viel Mehl unterarbeiten, daß er sich gut von der Arbeitsfläche löst.

3. Den Teig in 6 Stücke von je etwa 300 g teilen und zu 40 cm langen Brotstangen formen. Auf ein leicht bemehltes Blech legen und erneut zugedeckt gehen lassen, bis sich ihr Volumen deutlich vergrößert hat.

4. Die Brotlaibe mit einem scharfen Messer mehrmals an der Oberfläche schräg einritzen. Das Eiweiß mit dem Wasser verquirlen und die Oberflächen damit bestreichen.

5. Die Baguettes bei 220 °C im vorgeheizten Ofen in etwa 20 Minuten goldbraun backen. Zur Erhöhung der Luftfeuchtigkeit zu Beginn der Backzeit etwa 1/8 l kochendes Wasser auf den Boden des Ofens gießen oder die Seitenwände mit etwas Wasser (aus der Blumenspritze) besprühen. Die Brote sind fertig, wenn man auf die Unterseite klopft und es sich hohl anhört.

Leben wie Gott in Frankreich. Dazu braucht's nicht viel: frisches Baguette und ein Glas »vin rouge« sind die Voraussetzungen. Und wenn dann noch ein Stück Käse dazukommt, ist die Sache perfekt.

In den malerischen Orten des Elsaß kann man noch häufig die herzhafte, traditionelle Küche der Region genießen – samt den vorzüglichen Weinen, die auf der linken Rheinseite gedeihen.

Je dünner der Teig für den Flammkuchen ausgerollt wird, desto knuspriger wird er – und desto besser schmeckt er natürlich.

Elsässer »Flammekueche«

ODER TARTE FLAMBÉE, WIE DER KNUSPRIGE SPECK-ZWIEBEL-KUCHEN AUF FRANZÖSISCH HEISST.

Ursprünglich war Flammkuchen – im Elsässer Dialekt »Flammekuèche« – ein typisches Essen am Backtag. Einerseits konnte man dabei gut die Reste des Brotteigs verwerten, andererseits wurden die hauchdünnen Fladen dazu benutzt, um die Hitze des Ofens zu prüfen: War der Teig innerhalb weniger Minuten knusprig gebacken, so hatte der Ofen die richtige Temperatur zum Einschieben der Brotlaibe erreicht. Beim Ofen handelte es sich selbstverständlich um einen Steinofen, der mit Holz befeuert wurde. Nur so erklärt sich auch der Name des Kuchens: Während des Backens züngelten die Flammen der brennenden Holzscheite um den Teig, so daß er von dunkelbraunen, manchmal sogar schwarzen Flecken »geflammt« war, wenn man ihn aus dem Ofen holte – so, wie man es auch von einer Pizza kennt, die im Steinofen gebacken wurde. Einen solchen Effekt kann zwar nicht erzielen, wer die Kuchen in die Röhre eines herkömmlichen Elektroherds schiebt, doch ist das Ergebnis gleichermaßen köstlich.

Jeweils die Hälfte der Crème double auf den Teigfladen verstreichen, dabei die Ränder freilassen.

Beide Teigfladen gleichmäßig zuerst mit Zwiebelringen, dann mit Speckstreifen belegen.

Den Belag mit Muskatnuß und Pfeffer würzen, vorsichtig salzen und mit dem Rapsöl beträufeln.

Für 2 Kuchen
Für den Teig:
300 g Weizenmehl Type 550
5 g frische Hefe, 200 ml lauwarmes Wasser
1 TL Salz (6 g)

Für den Belag:
200 g Zwiebeln
150 g roh geräucherter, durchwachsener Speck
3/8 l Crème double
frisch geriebene Muskatnuß
frisch gemahlener Pfeffer, Salz
2 EL Rapsöl
Außerdem:
etwas Öl zum Bestreichen der Backbleche
etwas Mehl zum Bestauben

Für den Teig das Mehl in eine Schüssel sieben und in die Mitte eine Mulde drücken. Die Hefe hineinbröckeln und mit etwas Wasser auflösen, dabei ein wenig Mehl vom Rand mit untermischen. Das Salz über das Mehl streuen. Das restliche Wasser zugießen und alles zusammen zu einem glatten Teig verkneten. Zu einer Kugel formen und zugedeckt in einer Schüssel an einem warmen, zugfreien Ort gehen lassen, bis der Teig das Doppelte seines Volumens erreicht hat. Für den Belag die Zwiebeln schälen und in etwa 2 mm dünne Ringe schneiden. Den Speck zunächst in 3 mm dicke Scheiben, dann quer in dünne Streifen schneiden. Den Teig erneut durchkneten und halbieren. Auf einer leicht bemehlten Arbeitsfläche zu 2 hauchdünnen Fladen von 45 cm Durchmesser ausrollen. Die Ränder rundum etwa 1 cm breit einschlagen, so daß sie leicht erhöht sind. Zwei Backbleche mit Öl einpinseln. Die Fladen umgedreht – mit dem eingeschlagenen Rand nach unten – auf die Backbleche legen und mit einer Gabel mehrmals einstechen. Weiterverfahren, wie in der Bildfolge links gezeigt. Die Ränder der Fladen leicht mit Mehl bestauben. Die Flammkuchen bei 250 °C im vorgeheizten Ofen 10 bis 15 Minuten backen. Aus dem Ofen nehmen und ganz heiß servieren, sie schmecken so am besten.

Quiche Lorraine

EIN KLASSIKER AUS LOTHRINGEN – SCHINKENKUCHEN GOLDBRAUN MIT EINEM SAHNEGUSS GEBACKEN.

Das Originalrezept dieses herzhaften Kuchens kommt ohne Käse aus. Beim Würzen des Gusses sollte man den Salzgehalt des gebratenen Specks berücksichtigen. Unter Umständen braucht's nur noch ein wenig Pfeffer und Muskat, damit der Guß die Aromen der Quiche aufs Beste vereint.

Für den Teig:
200 g Weizenmehl Type 405
100 g Butter, in Stücke geschnitten
1 Eigelb, 1/2 TL Salz, 2 EL Eiswasser
Für den Belag:
250 g geräucherter, gekochter durchwachsener Speck
10 g Butter
Für den Guß:
40 g Butter
300 ml Sahne, 4 Eier
Salz nach Belieben
frisch gemahlener Pfeffer
frisch geriebene Muskatnuß
Außerdem:
1 Quicheform von 26 cm Durchmesser
Backpapier und Hülsenfrüchte zum Blindbacken

Als warme Vorspeise kommt die Quiche in Frankreich meist auf den Tisch. Stilecht serviert man dazu einen trockenen Riesling aus dem Elsaß.

Muskatnüsse, die Samen des immergrünen Muskatnußbaums, werden nach dem Trocknen von der Samenschale (Macis) befreit und so exportiert. Reiben sollte man sie allerdings erst kurz vor der Verwendung.

1. Für den Teig das Mehl auf eine Arbeitsfläche sieben. In die Mitte eine Mulde drücken und die Butter, das Eigelb, das Salz und das Eiswasser hineingeben. Mit einer Palette oder einem großen Messer die Zutaten grob vermengen und dann zu feinen Krümeln hacken. Mit den Händen schnell – damit die Butter nicht zu weich wird – zu einem glatten Teig verkneten und zu einer Kugel formen. Die Teigkugel in Folie wickeln und etwa 30 Minuten in den Kühlschrank legen.

2. Den Teig etwas größer als die Quicheform ausrollen. In die ungefettete Form legen, mit den Fingern oder einer Teigkugel den Rand andrücken und den überstehenden Teig abschneiden. Den Boden mit einer Gabel mehrmals einstechen.

Anschließend den Boden blindbacken, damit er seine Form behält und schon etwas vorgegart wird. Dafür ein entsprechend großes Stück Backpapier auf den Teigboden in die Form legen und die Hülsenfrüchte gleichmäßig darauf verteilen. Den Boden bei 200 °C im vorgeheizten Ofen 15 Minuten backen. Die Form aus dem Ofen nehmen und das Backpapier sowie die Hülsenfrüchte entfernen.

3. Für den Belag den Speck in etwa 4 mm große Würfel schneiden. 10 g Butter in einer Pfanne zerlassen und die Speckwürfel darin leicht bräunen. Herausnehmen und abkühlen lassen. Die Butter für den Guß in einer Pfanne zerlassen, ohne sie zu stark zu erhitzen, und in eine Schüssel umfüllen. Die Sahne, die Eier und die Gewürze zufügen und alles gut miteinander verrühren.

4. Den Speck gleichmäßig auf dem blindgebackenen Boden verteilen und den Sahne-Eier-Guß darübergießen. Die Quiche bei 175 °C im vorgeheizten Ofen 35 bis 40 Minuten backen. Sollte die Oberfläche zu schnell braun werden, mit einem Stück Alufolie abdecken.

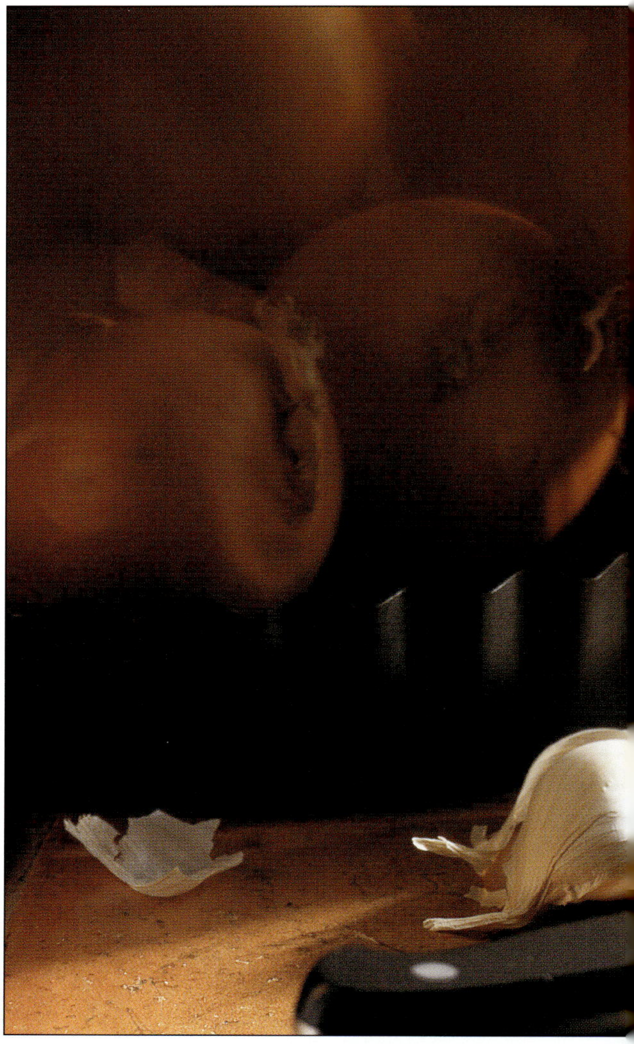

Pissaladière

DIE PROVENZALISCHE ART, PIZZA ZU BACKEN.

In der Gegend von Nizza bereitet man diesen herzhaften Kuchen zu, dessen Name sich von »Pissala« ableitet, einer Paste aus dem eingesalzenen, mit Kräutern eingelegten Fleisch von Sardinen und Sardellen. Mit dieser Paste wird eine echte »Pissaladière« dünn bestrichen, bevor man die restlichen Zutaten auflegt. Doch ist es durchaus statthaft, »Pissala« durch Sardellenfilets zu ersetzen, denn selbst in der Heimat der »Pissaladière« macht sich nicht jeder die Mühe, die langwierige Zubereitung der Fischpaste auf sich zu nehmen.

Für 6 bis 8 Portionen
Für den Teig:
250 g Weizenmehl Type 405
125 g Butter
1 TL Salz
Für den Belag:
250 g milde Gemüsezwiebeln
3 EL Olivenöl
Salz, frisch gemahlener Pfeffer

Besonders hübsch wirkt die »Pissaladière«, wenn die Sardellenfilets sternförmig auf dem üppigen Zwiebelbett angeordnet werden.

150 g Tomaten
100 g schwarze Oliven
12 Sardellenfilets
2 TL provenzalische Kräutermischung
Außerdem:
1 Form mit gewelltem Rand (32 cm Durchmesser)

1. Für den Teig das Mehl auf eine Arbeitsfläche sieben. In die Mitte eine Mulde drücken und die Butter in Stücken hineinlegen. 80 ml Wasser und das Salz zugeben. Von der Mitte alle Zutaten miteinander vermengen. Mit den Händen alles zu einem glatten Teig verkneten. Zugedeckt 1 bis 2 Stunden im Kühlschrank ruhen lassen.

2. Die Zwiebeln schälen und fein hacken. Das Öl in einer Pfanne erhitzen und die Zwiebeln darin glasig dünsten. 2 bis 3 EL Wasser unterrühren, salzen und pfeffern. Die Zwiebeln bei mittlerer Hitze 10 Minuten köcheln. Leicht abkühlen lassen.

3. Den Teig auf einer bemehlten Arbeitsfläche zu einer runden Platte von etwa 40 cm ausrollen. Die Form damit auslegen, dabei einen kleinen Rand stehenlassen und den überstehenden Teig abschneiden. Den Boden mehrmals einstechen.

4. Die Tomaten waschen, die Stielansätze entfernen und das Fruchtfleisch in Scheiben schneiden. Die Oliven entsteinen und halbieren.

5. Die Zwiebeln gleichmäßig auf dem Teigboden verteilen. Die Sardellenfilets auf die Zwiebeln legen. Die Tomatenscheiben und die Oliven dazwischen anordnen. Die Kräuter (Rosmarin, Thymian, Basilikum, Oregano) darüberstreuen. Die »Pissaladière« bei 200 °C im vorgeheizten Ofen in 30 bis 35 Minuten knusprig braun backen.

Gemüse, Kräuter und Oliven – Frisch und voller Aroma. Genauso müssen die Zutaten für eine provenzalische »Pissaladière« auch sein.

Croissants

ZUM FRÜHSTÜCK UNWIDERSTEHLICH, DOCH MIT WÜRZIGER FÜLLUNG SCHMECKEN DIE HÖRNCHEN AUCH AM ABEND.

Sie gehören zu jenen Dingen, welche die französische Lebensart im Ausland berühmt gemacht haben: Knusprig-frische, keinesfalls zu trocken geratene, köstlich buttrige Croissants. Was sonst paßte besser zum morgendlichen Kaffee als sie? Mittlerweile gibt es ja die feinen Hörnchen so gut wie überall, doch kommen nur die wenigsten an das französische Original heran. Wobei man freilich zugestehen muß, daß auch im Mutterland der Croissants nicht mehr jeder Versuch, gute Hörnchen zu kaufen, gleichermaßen von Erfolg gekrönt ist. Da hilft nur eins: Selbermachen. Warum auch sollte man sich seine Hörnchen zum Frühstück nicht selbst backen? Dies erfordert zwar ein bißchen Arbeit, doch so groß ist der Aufwand nun auch wieder nicht. In der Herstellung erinnert der hierfür benötigte Plunderteig ein wenig an den klassischen Blätterteig. Hier wie da müssen »Touren» – so der Fachausdruck – gegeben werden, damit die Butter in gleichmäßig dünnen Schichten zwischen den Teig, hier ein Hefeteig, kommt. Dieser Aufbau ist dann für die blättrige Struktur und den einmaligen Geschmack nach frischer Butter verantwortlich. Aber selbstverständlich können Croissants nicht nur pur, sondern als feiner Snack auch pikant mit Schinken oder Käse gefüllt, gereicht werden. In diesem Fall setzt man ein kleines Häufchen klein gewürfelten Schinken oder frisch geriebenen Käse, etwa Gruyère oder Beaufort, in die Mitte der breiten Endseite und rollt die Hörnchen dann auf, wie unten gezeigt.

Für 20 Stück
Für den Teig:
500 g Weizenmehl Type 405
20 g frische Hefe, gut 300 ml Milch
1 1/2 TL Salz
40 g Zucker, 300 g Butter

Den Butterziegel in die Mitte der ausgerollten Teigplatte legen. Die Teigränder rundum mit Wasser bestreichen und die Butter völlig in den Teig einhüllen.

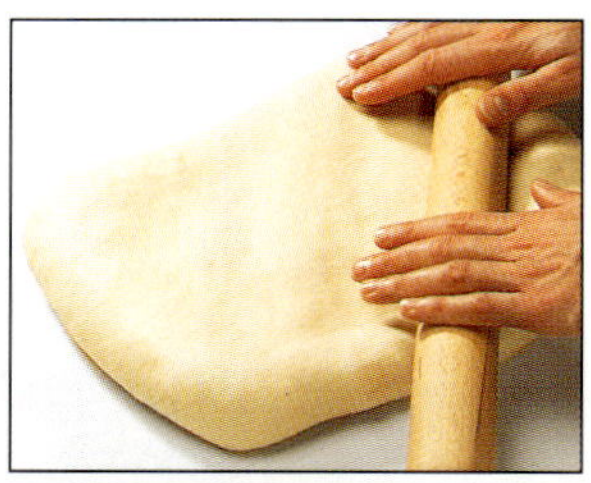

Den Teigblock auf einer bemehlten Arbeitsfläche nach allen Seiten gleichmäßig zu einer Platte von etwa 30 x 20 cm ausrollen.

Eine »einfache Tour« legen: das äußere Drittel der schmalen Teigseite über das mittlere Drittel klappen; das restliche Drittel darüberschlagen.

So liegen 3 Schichten übereinander. Den Teig nach dieser ersten »Tour« mindestens 10 Minuten im Kühlschrank ruhen lassen.

Den Teig längs zu 2 Streifen von 60 x 20 cm teilen und daraus 20 Dreiecke von 12 x 20 cm schneiden. An der Schmalseite jeweils 3 cm tief einschneiden.

Die Dreiecke aufrollen. Dafür die Spitze festdrücken, damit der Teig nicht verrutscht. Aufrollen, dabei die Enden nach außen drücken.

Die Hörnchen mit Abstand und mit dem Schluß nach unten auf ein gefettetes Backblech setzen. Gehen lassen, bis sie ihr Volumen verdoppelt haben.

Frisch gebackene Croissants lieben die Franzosen zum Frühstück. Zu Hause, vor allem aber im Café an der Ecke, sind sie zum »petit café« oder zum Milchkaffee geradezu ein Muß.

Außerdem:
Mehl zum Ausrollen
Eigelb zum Bestreichen

Das Mehl auf eine Arbeitsfläche sieben und in die Mitte eine Mulde drücken. Die Hefe hineinbröckeln und mit der Milch auflösen, dabei etwas Mehl vom Rand mit untermischen. Salz und Zucker zufügen und alles zu einem leichten, geschmeidigen Teig kneten. Wegen des geringen Hefeanteils sollte der Teig bei Zimmertemperatur langsam gehen, bis er sein Volumen etwa verdoppelt hat, das dauert ungefähr 1 Stunde. Den Teig anschließend nochmals kurz durchkneten und mit Folie zugedeckt für 1 bis 2 Stunden in den Kühlschrank stellen. In der Zwischenzeit die Butter aus dem Kühlschrank nehmen, bei Zimmertemperatur weich werden lassen und etwas geschmeidig kneten. Sie sollte die gleiche Konsistenz haben wie der Teig. Den Teig aus dem Kühlschrank nehmen und in allen vier Richtungen in nach außen dünner werdende »Lappen« ausrollen. Die Butter entweder zwischen Folie oder auf einer bemehlten Arbeitsfläche zu einer rechteckigen, flachen Platte drücken. Weiterverfahren, wie in der Bildfolge links gezeigt. Die »einfache Tour« noch zweimal wiederholen, den Teig dazwischen jeweils 10 Minuten im Kühlschrank ruhen lassen. Nach der letzten »Tour« zu einer Platte von 60 x 40 cm ausrollen und erneut kurz ruhen lassen. Die Hörnchen zuschneiden und formen, wie auf den letzten drei Bildern der Folge zu sehen. Die Croissants nach dem Gehenlassen mit verquirltem Eigelb bestreichen. Bei 220 bis 240 °C im vorgeheizten Ofen in etwa 15 Minuten goldgelb backen.

Brioches

DAS VERFÜHRERISCH BUTTRIGE HEFEGEBÄCK WIRD IN SEINER HEIMAT NICHT NUR ZUM FRÜHSTÜCK SERVIERT.

Brioches lassen sich in verschiedenen Größen und Variationen herstellen, besonders beliebt sind sie jedoch, so wie hier, in Portionsförmchen gebacken. Ihre wunderbar lockere Konsistenz verdanken sie der langen Gehzeit des fertigen Teigs im Kühlschrank. Um dem Briocheteig entsprechend viel Zeit lassen zu können, empfiehlt es sich, ihn am Vortag anzusetzen. Die fertigen Brioches kann man übrigens einfrieren und ohne großen Qualitätsverlust auftauen, wenn man sie beispielsweise, ganz klassisch, als Begleitung zu einem Entenleberparfait servieren möchte.

Für 24 Stück
500 g Weizenmehl Type 405
25 g frische Hefe
50 ml lauwarmes Wasser
4 Eier, 1 TL Salz
250 g weiche Butter
Außerdem:
Briocheförmchen von 7 cm Durchmesser
1 Eigelb zum Bestreichen

1. Das Mehl in eine Schüssel sieben und in die Mitte eine Mulde drücken. Die Hefe hineinbröckeln und mit dem Wasser auflösen, dabei etwas Mehl vom Rand mit untermischen. Den Ansatz mit etwas Mehl bestauben. Die Schüssel mit einem sauberen Tuch abdecken und den Teig an einem warmen, zugfreien Ort gehen lassen, bis die Oberfläche deutliche Risse zeigt.

2. Die Eier und das Salz zum Vorteig geben und mit einem Rührlöffel kräftig durchschlagen, bis der Teig Blasen wirft und sich vom Schüsselrand löst. Anschließend die weiche Butter in den Teig einarbeiten und ihn kneten, bis er ganz locker ist und seidig glänzt. Zugedeckt im Kühlschrank 2 Stunden gehen lassen. Den Teig danach kurz durchkneten, zu einer Kugel formen und erneut zugedeckt im Kühlschrank gehen lassen, am besten über Nacht.

3. Am nächsten Tag den Teig nochmals durchkneten und Teigstücke zu je 35 g abwiegen. Jeweils etwa 1/3 des Teigs (12 g) abtrennen und die beiden Teigstücke zu gleichmäßigen Kugeln formen. Die größere Kugel in die Förmchen setzen, in der Mitte mit dem Finger etwas eindrücken und die kleinere Kugel als Köpfchen daraufsetzen. Den Teig zwischen Köpfchen und Rand rundum mit den Fingerspitzen etwas eindrücken, damit das Köpfchen tiefer sinkt und beim Gehen oder Backen nicht »herauswächst«.

4. Die Brioches bei Zimmertemperatur 90 Minuten gehen lassen, bis sie das Doppelte ihres Volumens erreicht haben. Mit verquirltem Eigelb bestreichen, in den Förmchen auf ein Blech stellen.

5. Die Brioches bei 230 °C im vorgeheizten Ofen in etwa 12 Minuten goldbraun backen. Aus dem Ofen nehmen, etwas abkühlen lassen, aus den Förmchen nehmen und vor dem Servieren vollständig auskühlen lassen.

Die Metzger des Elsaß sind berühmt für ihre delikaten Würste. Besonders die leicht geräucherten »cervelas« eignen sich dazu, »en brioche« zubereitet zu werden – egal, ob klein und kurz oder ringförmig.

Saucisson brioché

WURSTSPEZIALITÄTEN IM TEIGMANTEL SIND IN DER ELSÄSSER KÜCHE SEHR BELIEBT.

Dieses Gericht läßt sich außer mit »cervelas« aus dem Elsaß auch mit Fleischwurst, beispielsweise mit Lyoner, sehr schmackhaft zubereiten. Man sollte beim Metzger zwei gleich lange Stücke verlangen oder die Wurst im Ganzen kaufen und in der Mitte teilen. Da die Teigstreifen, die man zum Umwickeln zuschneidet, nicht für ein ganzes Wurststück ausreichen, muß angesetzt werden. Dabei sollte man darauf achten, die Teigstücke auf der Unterseite der Wurst zu verbinden – so »verschwinden« die Ansatzstellen beim Backen.

Für 2 Stück
Für den Briocheteig:
500 g Weizenmehl Type 550
20 g frische Hefe, 1/8 l lauwarmes Wasser
4 Eier, 250 g Butter, 1 TL Salz

Die Würste im Teigmantel werden noch heiß in Scheiben geschnitten und als Vorspeise oder auch als Hauptgericht serviert. Wer mag, würzt sie mit einem französischen Kräutersenf.

Die Wurst in Mehl wenden. Von einem Ende her spiralförmig und leicht überlappend mit dem ersten Teigstreifen umwickeln. Diesen am Ende mit etwas Wasser befeuchten und den zweiten Streifen gut andrücken. Die Wurst mit diesem sowie dem dritten, auf dieselbe Weise angesetzten, Streifen vollends umwickeln. Den Teig an den Enden fest zusammendrükken. Die beiden Würste im Teig auf ein gefettetes Blech legen, den Teig noch 5 bis 10 Minuten gehen lassen, anschließend mit verquirltem Ei bestreichen.

Für die Füllung:
800 g Lyoner (5 cm Durchmesser)
Außerdem:
Mehl zum Bestauben, Fett für das Blech
1 Ei, verquirlt mit etwas Milch zum Bestreichen

Das Mehl in eine Schüssel sieben und in die Mitte eine Mulde drücken. Die Hefe hineinbröckeln und mit dem Wasser auflösen, dabei etwas Mehl vom Rand mit untermischen. Den Ansatz mit ein wenig Mehl bestauben. Die Schüssel mit einem sauberen Tuch bedecken und an einem warmen, zugfreien Ort gehen lassen, bis die Oberfläche deutliche Risse zeigt. Die Eier miteinander verquirlen. Die Butter zerlassen und abkühlen lassen. Die Eier, die Butter und das Salz zum Vorteig geben. Zunächst alle Zutaten mit einem Rührlöffel vermengen, anschließend mit den Händen zu einem glatten Teig verarbeiten. Zugedeckt etwa 30 Minuten gehen lassen. Inzwischen die Wurst häuten. Weiterverfahren, wie im ersten Bild links gezeigt. Falls nötig, die Wurst halbieren. Den Teig erneut durchkneten, auf einer bemehlten Arbeitsfläche zu einem Rechteck von 60 x 24 cm ausrollen und in 6 cm breite Streifen schneiden. Weiterverfahren, wie ab dem zweiten Bild der Folge gezeigt. Die Würste im Briocheteig bei 200 °C im vorgeheizten Ofen 40 bis 50 Minuten backen.

Vor dem Backen 2 Teigkamine in den Deckel der Pastete einsetzen und mit passenden Ausstechern stabilisieren. Den Teig 30 Minuten bei Zimmertemperatur gehen lassen. Den Deckel mit Eigelben bestreichen. Die Pastete bei 210 °C im vorgeheizten Ofen 45 bis 55 Minuten backen. Auskühlen lassen.

Foie gras en brioche

ZWEI KÖSTLICHKEITEN FÜR BESONDERE ANLÄSSE: GÄNSELEBER IN BRIOCHETEIG UND LEBERPASTETCHEN.

Gänseleber in Briocheteig
Für den Teig:
450 g Weizenmehl Type 405
25 g frische Hefe, 1/8 l lauwarme Milch
150 g Butter, 2 Eier, 1 TL Salz, 1/2 TL Zucker
Für die Füllung:
1 Gänseleber (etwa 800 g), 1/2 TL Salz
je 1 Messerspitze Piment, Muskatblüte, Koriander
je 1 Messerspitze Nelken und Muskatnuß
frisch gemahlener weißer Pfeffer
1/4 l alter Portwein, 2 cl Armagnac
Für das Portweingelee:
400 ml Rinderfond, 6 cl weißer Portwein
15 g Gelatine (in Pulverform), in 2 EL Wasser aufgelöst
Salz, frisch gemahlener weißer Pfeffer
Außerdem:
2 Pastetenformen (1,5 l und 2,5 l), 2 verquirlte Eigelbe

1. Zunächst für die Füllung die Gänseleber säubern und würzen. Mit Wein und Armagnac übergießen. Zugedeckt 24 Stunden kühl stellen. Die Gänseleber dann in einem Sieb abtropfen lassen, dabei die Marinade auffangen. Diese aufkochen, auf 2 bis 3 EL reduzieren. Um die Leber passend zu formen, diese zur Hälfte in die kleinere Kastenform drücken. Die abgekühlte Marinade darübergießen und die restliche Leber auflegen. Die Leber nach dem Erkalten aus der Form stürzen.

2. Aus den angegebenen Zutaten einen glatten, nicht zu festen Teig kneten, zugedeckt 30 Minuten gehen lassen. Den Teig dann 60 x 40 cm groß ausrollen. So in die größere Form legen, daß genug Teig übersteht, um die Pastete zu verschließen. Leber einlegen, Teigränder mit Eigelb bestrichen über der Füllung zusammendrücken. Fertigstellen und backen, wie oben links gezeigt.

Durch »Kamine« in den Pastetendeckeln kann der beim Backen entstehende Dampf entweichen. Dafür aus den Deckeln und Blumen jeweils einen Kreis von 1 cm Durchmesser ausstechen. Deckel aufsetzen, überstehenden Teig abschneiden. Blumen paßgenau auflegen. Aus Alufolie 12 etwa 4 cm hohe Kamine von 1 cm Durchmesser formen und einsetzen.

3. Inzwischen für das Gelee den Fond erhitzen. Vom Herd ziehen, Portwein und Gelatine einrühren, etwas abkühlen lassen. Das Gelee durch die Kamine in die Pastete füllen, erkalten lassen.

In Frankreich werden Gänse der Extraklasse vor allem im für seine kulinarischen Spezialitäten berühmten Périgord gezüchtet. Im Sommer dürfen sie dort rund um die Bauernhöfe im Freien weiden.

Leberpastetchen
Für 12 Stück
Teig und Portweingelee wie im Rezept links oben
Für die Füllung:
250 g Geflügelleber, 150 g Schweineleber
350 g mageres Schweinefleisch, 350 g grüner Speck

abgeriebene Schale von 1/2 unbehandelten Orange
1 EL edelsüßes Paprikapulver, 1 Lorbeerblatt
1/2 TL eingelegte grüne Pfefferkörner, zerdrückt
je 1 Messerspitze Ingwer und Piment
1 TL gehacktes Basilikum
je 1/2 TL gehackter Thymian und Rosmarin
2 cl Armagnac, 40 g Weißbrot ohne Rinde
50 g Schalotten, 1 Knoblauchzehe
4 EL Sahne, 1 Eiweiß, Salz
Außerdem:
12 ovale Förmchen von etwa 8 cm Länge, 2 Eigelbe

1. Die Lebern säubern, mit Fleisch und Speck in Streifen schneiden. In einer Schüssel mit Orangenschale, Gewürzen, Kräutern und Armagnac mischen. Das Brot in dünne Scheiben schneiden. Schalotten und Knoblauch schälen, fein hacken, darüber verteilen. Sahne und Eiweiß verrühren, darübergießen. Abgedeckt über Nacht im Kühlschrank durchziehen lassen. Die Mischung dann zweimal durch die feine Scheibe des Fleischwolfs drehen, auf Eis glattrühren, salzen.

2. Den Teig zubereiten, wie links beschrieben, durchkneten und 3 bis 4 mm dick ausrollen. Die Förmchen mit Teig auslegen, aus dem restlichen Teig Deckel, Blumen und Blätter ausschneiden. Farce einfüllen, Teigrand mit Eigelb bestreichen. Deckel auflegen und je mit 1 Blume und Blättern verzieren. Kamine einsetzen, wie oben beschrieben. Deckel mit Eigelb bestreichen, die Pasteten kurz gehen lassen und bei 220 °C im vorgeheizten Ofen 20 bis 25 Minuten backen. Erkalten lassen und mit Gelee füllen, wie links beschrieben.

Profiteroles au fromage

EIN KLASSIKER AUS FRANKREICHS KÜCHEN, HIER EINMAL PIKANT.

Schön rund werden die Profiteroles dadurch, daß man den Brandteig mit Hilfe eines Spritzbeutels mit Lochtülle in ausreichendem Abstand auf ein Blech spritzt. So ist gewährleistet, daß sie genügend Platz zum Aufgehen haben. Je nach Belieben können sie nun einfach mit Salz, Sesam beziehungsweise Kümmel bestreut oder zusätzlich noch mit einer Käsecreme gefüllt werden.

Für den Teig:
1/8 l Flüssigkeit (halb Milch, halb Wasser)
60 ml Butter
1/4 TL Salz
110 g Weizenmehl Type 405, 3 Eier
75 g frisch geriebener Hartkäse (etwa Gruyère)
Für die Käsecreme:
60 g Sahne, 40 g rote Zwiebel
250 g Doppelrahmfrischkäse
1 EL gehackte Kräuter (Schnittlauch, Petersilie)
Salz, frisch gemahlener Pfeffer
Außerdem:
1 Ei, grobes Salz, Kümmel, Sesamsamen, Mohn

Den Brandteig zubereiten, wie in der Bildfolge gezeigt. Ein Backblech fetten. Die Brandmasse in einen Spritzbeutel mit Lochtülle Nr. 7 füllen und in Abständen von etwa 5 cm kleine Häufchen auf das Backblech spritzen. Die Kugeln mit Eigelb bestreichen und wahlweise mit Salz, Kümmel, Sesamsamen, Mohn oder Käse bestreuen. Die Profiteroles bei 200 °C im vorgeheizten Ofen 10 bis 12 Minuten backen. Herausnehmen und auskühlen lassen. Je nach Belieben mit Käsecreme füllen. Dafür die Sahne steif schlagen. Die Zwiebel schälen und in kleine Würfel schneiden. Den Frischkäse in einer Schüssel mit einer Gabel etwas verrühren und die Sahne untermischen. Die Zwiebelwürfel und die Kräuter unterrühren, salzen und pfeffern. Die Bällchen aufschneiden. Die Käsemasse in einen Spritzbeutel füllen und auf die unteren Hälften der Bällchen spritzen. Jeweils den passenden Deckel aufsetzen und die fertigen Profiteroles auf einer Platte anrichten.

Brandteig herstellen:

Die Milch, das Wasser, die Butter und das Salz in einem entsprechend großen Topf unter ständigem Rühren aufkochen.

Das gesiebte Mehl auf einmal in die kochende Flüssigkeit schütten, dabei ununterbrochen kräftig weiterrühren.

So lange rühren, bis sich die Masse als Kloß vom Topf löst (abbrennt) und eine weiße Haut den Topfboden überzieht.

Die Masse in eine Schüssel umfüllen, etwas abkühlen lassen. 1 Ei unterrühren, bis es sich völlig mit der Masse verbunden hat.

Das zweite Ei unter die Masse rühren und erst, wenn es vollständig untergearbeitet ist, das letzte Ei unter Rühren einarbeiten.

Zuletzt den frisch geriebenen Käse unter die Brandteigmasse rühren und einarbeiten. Die Masse sollte gleichmäßig glänzen.

Gougères

LUFTIGE BRANDTEIGBÄLLCHEN MIT WÜRZIGEM KÄSE – DIE IDEALEN BEGLEITER ZUM WEIN.

Und aus einer Weingegend kommt das lockere, kugelförmige Käsegebäck auch, das es in verschiedenen Versionen gibt – nämlich aus Burgund. Mal kommt neben den Käsewürfeln auch noch Schinken mit in den Teig, mal füllt man sie mit einer leichten Käsecreme. Für letztere verrührt man je 150 g Ziegen- und Doppelrahmfrischkäse sowie 60 g geriebenen Gruyère mit etwas gehackter Petersilie, Salz und Pfeffer. Dann nach und nach 1/4 l geschlagene Sahne unterheben und die Käsecreme in die Bällchen füllen.

Für 40 bis 45 Stück
125 g Butter, 1 Prise Salz
250 g Weizenmehl Type 405

Gougères mit Schinken werden grundsätzlich nicht gefüllt. Gougères ohne Schinken, auf dem Blech unten, schmecken dagegen auch mit einer Käsecreme im Innern ganz ausgezeichnet.

7 bis 8 Eier, 175 g Gruyère
150 g gekochter Schinken
Außerdem:
1 Ei zum Bestreichen, Butter für das Blech

1. 275 ml Wasser mit der Butter und dem Salz in einem entsprechend großen Topf unter ständigem Rühren aufkochen. Das gesiebte Mehl auf einmal in die kochende Flüssigkeit schütten, dabei ununterbrochen kräftig weiterrühren. So lange rühren, bis sich die Masse als Kloß vom Topf löst – diesen Vorgang nennt man »abbrennen«, daher rührt auch der Name des Teiges – und eine weiße Haut den Topfboden überzieht. Die Masse in eine Schüssel umfüllen und vor dem Weiterverarbeiten etwas abkühlen lassen.

2. Unter die abgekühlte Masse 1 Ei rühren, bis es sich völlig mit ihr verbunden hat. Die anderen Eier nacheinander unterrühren, jedoch das nächste immer erst dann zugeben, wenn das vorherige vollständig eingearbeitet ist. Es sollte dabei eine glänzende und geschmeidige Masse entstehen. Den Käse sowie den Schinken in 3 mm große Würfel schneiden. Beides unter die Brandteigmasse rühren.

3. Ein Blech fetten. Mit einem Löffel Teighäufchen abstechen, auf das Backblech setzen und mit dem schaumig geschlagenen Ei bestreichen. Bei 220 °C 20 bis 25 Minuten backen. Währenddessen die Ofentür nicht öffnen, sonst könnte das Gebäck zusammenfallen.

Mürbes Käsegebäck

DAS PIKANTE KLEINGEBÄCK SCHMECKT AM BESTEN NOCH WARM AUS DEM OFEN ZU EINEM GLAS WEIN ODER BIER.

Es lohnt sich, dieses Käsegebäck auf Vorrat herzustellen. Man kann es nämlich hervorragend einfrieren und ohne Qualitätsverlust kurz vor dem Verzehr aufbacken. Außerdem läßt es sich für einige Tage in einer gut verschlossenen Dose aufbewahren. So kann man die herzhaften »Kekse« auch Überraschungsgästen jederzeit servieren.

Für etwa 75 Stück
150 g weiche Butter
180 g frisch geriebener Greyerzer
1/2 TL Salz
1 TL edelsüßes Paprikapulver
100 ml Sahne
250 g Weizenmehl Type 405
1/2 TL Backpulver
Außerdem:
2 Eigelbe
1 EL Milch
Mohnsamen
Kümmelsamen
gehackte Pistazien
weiße und schwarze Sesamsamen
grobes Salz
abgezogene, halbierte Mandeln

Für den Teig die Butter, den Käse, Salz und Paprikapulver in eine Rührschüssel geben. Weiterverfahren, wie in den ersten drei Bildern der Bildfolge rechts gezeigt. Den Teig zu einer Kugel formen, in Klarsichtfolie wickeln und für etwa 2 Stunden im Kühlschrank ruhen lassen. Noch besser ist es, ihn über Nacht im Kühlschrank zu belassen. Den Teig auf einer bemehlten Arbeitsfläche ausrollen, wie im vierten Bild gezeigt. Plätzchen entsprechend dem fünften Bild in verschiedenen Formen ausstechen und auf ein ungefettetes Backblech legen. Die Eigelbe mit der Milch verquirlen, die Plätzchen damit bestreichen und nach Belieben mit Mohn, Kümmel, Pistazien, Sesam oder Salz bestreuen oder mit Mandeln belegen und bei 200 °C im vorgeheizten Ofen 12 bis 15 Minuten backen. Herausnehmen und vor dem Servieren auf einem Kuchengitter etwas auskühlen lassen.

Die Sahne in die Schüssel gießen und alles zu einer glatten Masse verarbeiten; es dürfen keine Butterstücke mehr sichtbar sein.

Mehl und Backpulver auf eine Arbeitsfläche sieben. Eine Mulde eindrücken, die Käsemasse darauf geben. Alles krümelig verreiben.

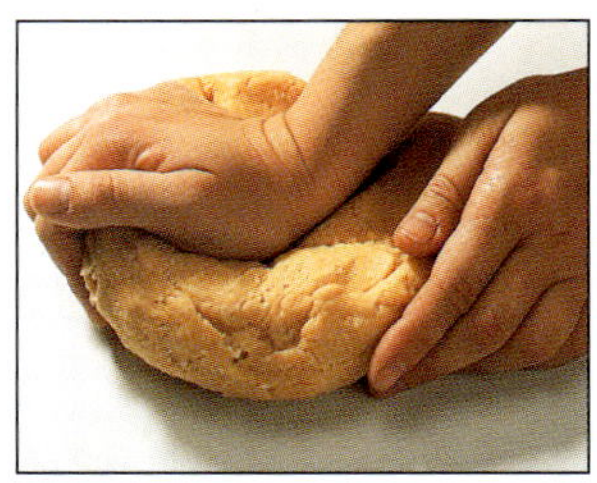

Zu einem glatten Teig verkneten, dabei möglichst rasch arbeiten, denn der Mürbteig wird sonst kurz und brüchig.

Den Käse-Mürb-Teig auf einer leicht bemehlten Arbeitsfläche mit einem Rollholz etwa 3 bis 4 mm dick ausrollen.

Beliebige Formen ausstechen. Auf ein ungefettetes Backblech legen; der Teig enthält genug Fett, um ein Ankleben zu verhindern.

Mischbrot mit Gerste

ZUBEREITET AUS EINEM EINFACHEN HEFETEIG UND MIT ZWEIERLEI GETREIDESORTEN.

Brote aus Vollkornmehl sind in England im Zuge der Fitnesswelle in Mode gekommen, ebenso das Selberbacken von Brot. Für das folgende Rezept werden Weizen- und Gerstenvollkornmehl gemischt. Gerste zählt allerdings nicht gerade zum klassischen Backgetreide, denn die Körner enthalten nur wenig Kleber – ein Protein, das für das Aufgehen des Teiges und eine schöne Porung der Krume unerläßlich ist. Deshalb muß es, wie hier, zum Backen mit Weizenmehl gemischt werden; üblich ist ein Verhältnis von 1:10. Darüber hinaus wird Gerste nur ausnahmsweise bereits gemahlen angeboten; üblich sind lediglich Schrot oder Graupen, die traditionell für die Breizubereitung Verwendung finden. Benötigt man also Mehl aus Gerste, bleibt nur das Selbermahlen in einer Getreidemühle, oder man kauft ganze Körner im Naturkostladen oder Reformhaus und läßt sie dort gleich mahlen. Die in diesem Rezept angegebenen Zutaten reichen für 2 Brote. Zum Gehen wird der Teig in Körbchen gelegt – so erhalten die beiden Laibe eine gleichmäßige Form. Für die Brote im großen Bild rechts wurden runde Körbchen mit einem Durchmesser von 24 cm verwendet. Wer eine längliche Form bevorzugt, kann den Teig in zwei ovalen Körbchen von 35 cm Länge gehen lassen. Besitzt man keine Brotformkörbchen, läßt man den Teig am besten in Kastenformen gehen, die dann eine Länge von 30 cm haben sollten. Daß die Brote mit zwei unterschiedlichen Temperatureinstellungen gebacken werden, hat übrigens einen guten Grund: Durch die große Hitze zu Backbeginn ist gewährleistet, daß jeder Laib seine Form behält und nicht auseinanderläuft. Nach kurzer Zeit muß die Hitze dann jedoch reduziert werden, damit die Oberfläche der beiden Brote nicht zu dunkel wird oder gar verbrennt.

Das Gerstenbrot ist »frei geschoben«, das heißt, die Laibe werden zum Backen mit so viel Abstand voneinander aufs Blech gesetzt, daß sie nicht »zusammenwachsen« können.

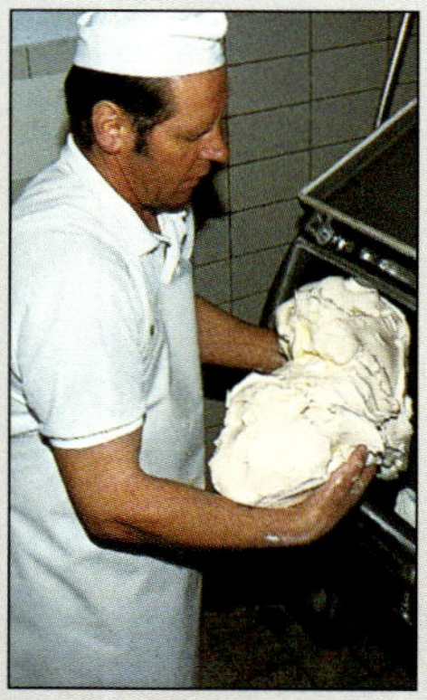

Butter kommt in Großbritannien meist gesalzen in den Handel. Deshalb ist sie allein schon ein köstlicher Brotaufstrich.

Für 2 Stück
250 g Weizenvollkornmehl
950 g Weizenmehl Type 550
125 g Gerstenmehl, 4 TL Salz
60 g frische Hefe, 875 ml lauwarmes Wasser
Außerdem:
2 Brotformkörbchen von 24 cm Durchmesser
Mehl zum Bestauben des Blechs

1. Das Weizenvollkornmehl in eine Schüssel füllen. Das helle Weizen- sowie das Gerstenmehl darüber sieben und alles mit dem Salz mischen.

2. Die Hefe unter Rühren im lauwarmen Wasser auflösen. Die Hefelösung zum Mehl gießen und den Schüsselinhalt zunächst mit einem Rührlöffel verrühren, dann mit den Händen zu einem geschmeidigen Teig verarbeiten. Sollte dieser kleben, noch etwas Mehl einarbeiten.

3. Den Teig zu einer Kugel formen, in die Schüssel legen, diese mit einem sauberen Tuch abdecken und an einen warmen, zugfreien Ort stellen. Den Teig 30 bis 45 Minuten gehen lassen, bis sich sein Volumen verdoppelt hat.

4. Den Teig durchkneten, halbieren und zwei runde Laibe formen, die etwas kleiner sind als die zu verwendenden Brotformkörbchen. Die Brotlaibe zum Gehen in die Brotformkörbchen legen, damit sie eine gleichmäßige Form erhalten. Zugedeckt an einem warmen Ort 30 bis 45 Minuten gehen lassen, bis sich das Volumen sichtbar vergrößert hat.

5. Die Brote auf ein mit Mehl bestaubtes Backblech stürzen. Bei 230 °C im vorgeheizten Ofen zunächst 10 Minuten backen, dann die Temperatur auf 200 °C herunterschalten und die Brote in weiteren 40 bis 50 Minuten fertigbacken.

Toastbrot

DAS BEKANNTE EINFACHE WEISSBROT, DAS TRADITIONELL IN EINER KASTENFORM GEBACKEN WIRD.

Wer es gar nicht abwarten kann, der darf natürlich ein solches Brot auch frisch und ungetoastet verzehren, sollte allerdings berücksichtigen, daß die Krume sehr weich ist. Deshalb sollte man es eher zwei Tage liegen lassen, bevor man es röstet – das Aufschneiden geht dann viel einfacher und gleichmäßiger von der Hand. Das hier gezeigte Brot besticht durch seine schön geformte Oberfläche. Möchte man sich die Mühe des Flechtens nicht machen, kann man auch einen glatten Teigstrang von 30 cm Länge in die Form legen. Das Brot geht besonders schön auf und erhält eine feinere Porung, wenn man eine Rolle von 60 cm Länge formt, diese in vier gleichgroße Stücke teilt und je zwei davon nebeneinander in die Form legt. Doch wie auch immer man sich entscheidet – nicht nur mit »bacon and eggs« serviert ist dieses Toastbrot ein Genuß.

800 g Weizenmehl Type 550, 3 gestrichene TL Salz
1/4 l lauwarmes Wasser, 1/4 l lauwarme Milch
42 g frische Hefe, 100 g weiche Butter

Außerdem:
1 Kastenform von 30 cm Länge
Butter für die Form

1. Das Mehl in eine Schüssel sieben, mit dem Salz vermengen und in die Mitte eine Mulde drücken. Das Wasser mit der Milch vermischen und die Hefe darin auflösen. Die Hefelösung in die Mulde gießen. Die Butter in Stückchen schneiden und auf das Mehl setzen. Alle Zutaten zunächst mit einer Gabel verrühren und dann mit den Händen zu einem geschmeidigen Teig kneten.

2. Den Teig zu einer Kugel formen und mit einem sauberen Tuch zugedeckt an einem warmen, zugfreien Ort etwa 30 Minuten gehen lassen, bis sich sein Volumen verdoppelt hat.

3. Die Kastenform ausfetten. Den Teig auf einer bemehlten Arbeitsfläche erneut durchkneten. Zu einem Zopf flechten und in die Form legen. Die Form mit dem Tuch zudecken und den Teig nochmals an einem warmen Ort 45 bis 60 Minuten gehen lassen, bis sich sein Volumen so vergrößert hat, daß die Form mit Teig ausgefüllt ist.

4. Das Kastenbrot bei 200 °C im vorgeheizten Ofen 50 bis 60 Minuten backen. Wenn man das Brot 10 Minuten vor Ende der Garzeit aus der Form nimmt und ohne Form fertigbäckt, erhält es rundum eine schöne Kruste.

Der Tower Brigde vergleichbare Wahrzeichen Englands auf kulinarischem Gebiet sind all die Köstlichkeiten, die rund ums »English breakfast« und den »Five o'clock tea« ersonnen wurden.

Hot Cross Buns und Crumpets

BRÖTCHEN AUF ENGLISCH – IDEAL ZUM FRÜHSTÜCK ODER ZUM TEE.

Hot Cross Buns werden in England traditionell am Karfreitag gereicht, schmecken selbstverständlich aber nicht nur dann. Der Name erklärt sich durch das Kreuz, das auf der Oberfläche eingeritzt oder mit Teigstreifen aufgelegt wird. Crumpets dagegen haben das ganze Jahr über Saison. Die weichen Brötchen mit der schwammartigen Struktur werden vor dem Servieren getoastet – wenn's stilecht sein soll, indem man sie auf lange Gabeln spießt und am Kaminfeuer röstet. Hervorragend schmecken sie mit Butter und Marmelade oder Honig bestrichen. Wer's lieber pikant mag, kann sie aber auch mit Rühreiern und Sardellenfilets oder mit Spiegeleiern belegen.

Hot Cross Buns einmal neutral – wie es eigentlich üblich ist – leicht süß und mit Gewürzen gebacken: Für die Brötchen vorn im Bild wurden zusätzlich noch 100 g helle Rosinen sowie je 1 TL Piment und Zimt unter den Teig geknetet.

Hot Cross Buns
Für 16 Stück
600 g Weizenmehl Type 550, 1/2 TL Salz
1 1/2 gestrichener EL Zucker, 42 g frische Hefe
1/4 l lauwarme Milch, 2 Eier, 50 g weiche Butter
Außerdem:
Fett für das Blech, 1 Eigelb, 1 EL Sahne

1. Das Mehl in eine Schüssel sieben, mit Salz und Zucker vermischen. Die Hefe in der Milch auflösen. Mit Eiern, Butter und der Mehlmischung zu einem geschmeidigen Teig verkneten. Den Teig zur Kugel formen und in die Schüssel legen. Mit einem Tuch bedecken, an einen warmen, zugfreien Ort stellen und den Teig 40 bis 60 Minuten gehen lassen, bis er sein Volumen verdoppelt hat.

2. Den Teig erneut durchkneten. In 10 Portionen von je 60 g teilen und zu Kugeln formen. Diese mit etwas Abstand voneinander auf ein gefettetes Backblech legen. Zudecken und nochmals 30 Minuten gehen lassen, bis sich ihr Volumen deutlich vergrößert hat.

3. Jede Teigkugel mit einem sehr scharfen Messer kreuzweise einschneiden. Das Eigelb mit der Sahne verquirlen und die Oberflächen damit bestreichen. Die Brötchen im vorgeheizten Ofen bei 200 °C 20 bis 25 Minuten backen.

Crumpets (ohne Abbildung)
500 g Weizenmehl Type 550
1 TL Salz
30 g frische Hefe
600 ml lauwarme Milch
Außerdem:
mehrere Ausstechringe von etwa 10 cm Durchmesser
zerlassene Butter für die Ringe und für die Pfanne

1. Das Mehl in eine Schüssel sieben und mit dem Salz vermischen. Die Hefe in der Milch auflösen und zu dem Mehl in die Schüssel gießen. Alle Zutaten zu einem glatten, ziemlich flüssigen Teig verrühren. Die Schüssel mit einem Tuch abdecken und den Teig an einem warmen, zugfreien Ort etwa 1 Stunde gehen lassen.

2. Den Teig zusammenschlagen und erneut zugedeckt etwa 1 Stunde gehen lassen, bis sich große Blasen gebildet haben.

3. Die Ringe oder Ausstecher auf der Innenseite gründlich mit der Butter bepinseln. Eine schwere, gußeiserne Pfanne mit etwas Butter erhitzen. Die Ringe in die Pfanne legen und mit einem Löffel jeweils so viel Teig hineingeben, daß sie zur Hälfte gefüllt sind. Die Crumpets so lange bei geringer Hitze backen, bis die Oberfläche fest zu werden beginnt und die Blasen im Teig geplatzt sind. Die Crumpets vorsichtig aus den Ringen nehmen, wenden und auf der zweiten Seite fertigbacken, bis sie goldgelb sind. Den restlichen Teig auf die gleiche Weise zu Crumpets verbacken.

Brote aus Hafermehl

DAS KERNIGE »OATMEAL« WIRD VOR ALLEM IN NORDENGLAND UND SCHOTTLAND VERWENDET.

Kastenbrot mit Hafermehl
250 g mittelgrobes Hafermehl, 300 ml Milch
450 g Weizenmehl Type 550, 30 g frische Hefe
1 gestrichener EL Zucker, 1/8 l lauwarmes Wasser
3 TL Salz, 60 g zerlassene Butter
Außerdem:
2 kleine Kastenformen von 20 cm Länge
etwas Milch zum Bestreichen
10 g mittelgrobes Hafermehl zum Bestreuen

1. Das Hafermehl mit der Milch übergießen und 30 Minuten ziehen lassen. Das Weizenmehl in eine Schüssel sieben und in die Mitte eine Mulde eindrücken. Hefe und Zucker im Wasser auflösen. In die Mulde gießen und mit etwas Mehl vom Rand verrühren. Den Ansatz mit Mehl bestauben. Die Schüssel mit einem Tuch abdecken und den Teig gehen lassen, bis die Oberfläche Risse zeigt.

Frisch gebackenes Hafer-Fladenbrot, dem Kreuzkümmel und Koriander zusätzliches Aroma verleihen, schmeckt mit leicht gesalzener Butter und einem Stück Cheddar besonders gut.

Das Kastenbrot mit Hafermehl ist ein traditionelles Rezept aus Lancashire. Die Zubereitung ist einfach, allerdings bekommt man hierzulande kaum bereits gemahlenen Hafer. In den meisten Naturkostläden oder Reformhäusern kann man die Körner jedoch nach Wunsch frisch ausmahlen lassen.

2. Hafermehl, Salz und Butter unter den Vorteig mischen. Alles zu einem glatten Teig verarbeiten, dabei mindestens 10 Minuten kneten. Den Teig zu einer Kugel formen und zugedeckt gehen lassen, bis sich sein Volumen verdoppelt hat.

3. Den Teig erneut durchkneten und zu 2 Rollen von jeweils 20 cm Länge formen. Die Kastenformen mit Mehl ausstauben und je 1 Teigrolle einlegen. Erneut zugedeckt gehen lassen. Die Brote

mit Milch bestreichen und mit Hafermehl bestreuen. Bei 210 °C im vorgeheizten Ofen 40 Minuten backen. Die Brote aus den Formen nehmen und auskühlen lassen.

Hafer-Fladenbrot
300 g Weizenmehl Type 550, 100 g Hafermehl
25 g frische Hefe, 380 ml lauwarmes Wasser
1 1/2 TL Salz, 100 g feine Haferflocken
1 TL Kreuzkümmel, 1 TL grob gestoßener Koriander
Außerdem:
1 Eigelb, mit 2 EL Wasser verquirlt
grobes Meersalz, Kreuzkümmel, gestoßener Koriander

1. Das Weizenmehl sieben, mit dem Hafermehl vermischen und eine Mulde eindrücken. Die Hefe hineinbröckeln, in 180 ml Wasser auflösen und dabei etwas Mehl vom Rand untermischen. Ansatz mit Mehl bestauben, zugedeckt gehen lassen.

2. Salz, Haferflocken, das restliche Wasser, Kreuzkümmel und Koriander untermischen und alles zu einem glatten Teig verkneten. Den Teig mit einem Tuch abdecken und gehen lassen, bis sich sein Volumen verdoppelt hat.

3. Teig durchkneten. In 3 Teile teilen, auf einer bemehlten Arbeitsfläche zu Fladen von 18 cm Durchmesser ausrollen. Auf einem bemehlten Backblech 15 Minuten gehen lassen. Mit Eigelb bestreichen, mit den Gewürzen bestreuen. Bei 200 °C im vorgeheizten Ofen 20 Minuten backen.

Torte mit viererlei Käse

IM KUNSTVOLL VERZIERTEN KUCHEN VERBERGEN SICH QUARK, GOUDA, SCHAFKÄSE UND KERNHEM.

Ein Muß für Käsefans ist diese gehaltvolle Torte, deren Zubereitung freilich ein wenig Zeit und Geduld verlangt, soll sie so attraktiv serviert werden, wie auf dem Bild rechts gezeigt.

Für den Teig:
300 g Weizenmehl Type 405
150 g Weizenvollkornmehl
30 g frische Hefe
200 ml lauwarmes Wasser
1 Ei, 1 TL Salz, 3 EL Olivenöl
Für die Füllung:
175 g Feta, 175 g mittelalter Gouda
175 g Kernhem
175 g Sahnequark
30 g Butter, 150 ml Sahne, 3 Eier

Eine frische Note erhält die würzige Käsefüllung der Torte durch reichlich gehackte Kräuter, die gleichzeitig für eine appetitliche Farbe sorgen.

In kleineren holländischen Käsereien werden viele Arbeitsschritte der Goudaherstellung noch von Hand durchgeführt, so zum Beispiel das Auftragen der Schutzschicht auf die ungereiften Laibe.

1/2 Bund glatte Petersilie
1 EL gehackter Dill
frisch gemahlener Pfeffer, Salz nach Bedarf
Außerdem:
1 runde Form von 30 cm Durchmesser
1 Eigelb zum Bestreichen

1. Beide Mehlsorten in einer Schüssel miteinander vermischen und in die Mitte eine Mulde drücken. Die Hefe hineinbröckeln und mit dem Wasser auflösen, dabei etwas Mehl vom Rand mit untermischen. Den Ansatz mit Mehl bestauben. Die Schüssel mit einem sauberen Tuch abdecken und den Teig an einem warmen, zugfreien Ort gehen lassen, bis die Oberfläche Risse zeigt.

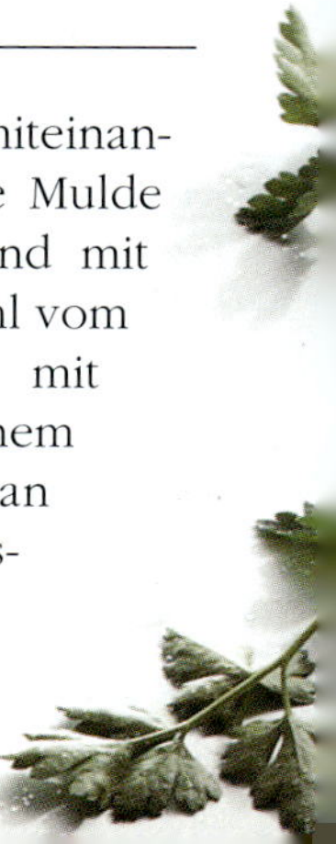

2. Ei, Salz und Öl zum Vorteig geben und alles zu einem festen, geschmeidigen Teig verarbeiten. Zu einer Kugel formen und zugedeckt stehen lassen, bis die Füllung fertig ist.

3. Für die Füllung den Feta zerbröckeln, Gouda und Kernhem grob zerkleinern. Alle Käsesorten mit dem Quark mischen. Die Butter, die Sahne und die Eier zufügen und alles im Mixer zu einer cremigen Masse verarbeiten. Die Petersilie hakken und zusammen mit dem Dill unterheben. Die Masse mit Pfeffer und Salz würzen.

4. Den Teig durchkneten. 2/3 davon ausrollen und die Form so damit auslegen, daß der Rand 1 cm übersteht. Den Boden mit einer Gabel mehrmals einstechen. Die Käsemasse einfüllen und gleichmäßig verteilen, die Oberfläche mit einer angefeuchteten Palette glattstreichen. Den Teigrand mit verquirltem Eigelb bestreichen.

5. Den restlichen Teig ausrollen und auf die Füllung legen. Den Rand mit Daumen und Zeigefinger fest zusammendrücken, überstehende Teigreste abschneiden. Aus den Resten nach Belieben Ornamente ausstechen oder formen. Die Oberfläche der Torte mit Eigelb bestreichen und die Ornamente auflegen. In der Mitte ein Loch für den Dampfabzug ausstechen und ansprechend garnieren. Die Verzierungen ebenfalls mit Eigelb bestreichen. Die gefüllte Käsetorte bei 220 °C im vorgeheizten Ofen 35 bis 40 Minuten backen.

Nur die Windmühlen und ein paar Bäume überragen die flache, von zahlreichen Kanälen durchzogene Polderlandschaft. So wurden die alten Mühlen zum Wahrzeichen eines Landes, dessen Fläche zu 40 Prozent unter dem Meeresspiegel liegt.

Gemüsetörtchen

UNTER DER KNUSPRIG-WÜRZIGEN KRUSTE VERSTECKEN SICH JEDE MENGE VITAMINE.

Gemüsebau und Milcherzeugung sind die Hauptstützen niederländischer Agrarwirtschaft, und deren Erzeugnisse spielen in der Küche eine entsprechende Rolle. So auch hier, verleiht doch der mit reifem Gouda verrührte Sahneguß dem Gemüse eine angenehm würzig-cremige Bindung. Die Teigmenge ist für 6 Törtchen berechnet.

Für den Teig:
250 g Weizenmehl Type 405, 125 g kalte Butter
1 Ei, 1/2 TL Salz
Für den Gemüsebelag:
60 g Möhren, 40 g Stangensellerie
60 g Frühlingszwiebeln, 100 g Brokkoliröschen
120 g Erbsen (ausgepalt etwa 40 g), Salz
Für den Käse-Sahne-Guß:
100 ml Sahne, 3 Eigelbe
100 g frisch geriebener Hartkäse, etwa reifer Gouda
2 EL gehackte Petersilie
Salz, frisch gemahlener weißer Pfeffer
3 Eiweiße
Außerdem:
6 Förmchen von je 12 cm Durchmesser
Backpapier und Hülsenfrüchte zum Blindbacken

Overjarige Gouda, also ein Gouda, der länger als ein Jahr gereift ist, eignet sich am besten für dieses Rezept, da er durch die längere Reifezeit sehr würzig schmeckt.

1. Das Mehl auf eine Arbeitsfläche sieben und in die Mitte eine Mulde drücken. Die Butter in Stücken, das Ei, das Salz und 1 bis 2 EL Wasser hineingeben. Die Zutaten in der Mulde zunächst mit einer Gabel zerdrücken, mit einem Messer oder einer Palette zusammenhacken und dann mit den Händen rasch zu einem geschmeidigen Teig kneten; der Teig darf nicht zu warm werden. Bei Bedarf noch ein wenig Wasser zugeben. Den Teig zu einer Kugel formen, in Folie wickeln und im Kühlschrank 1 Stunde ruhen lassen.

2. Den Teig auf einer leicht bemehlten Arbeitsfläche ausrollen. Mit einem Förmchen sechsmal den Durchmesser markieren, die Teigstücke etwas größer ausschneiden und die Förmchen damit auslegen. Den Teig mit den Fingern oder mit einer Teigkugel an den Rand der Förmchen drücken. Eventuell überstehende Ränder abschneiden. Den Teig mit Backpapier bedecken und mit Hülsenfrüchten beschweren. Bei 200 °C im vorgeheizten Ofen etwa 10 Minuten blindbacken. Herausnehmen, Papier und Hülsenfrüchte wieder entfernen.

3. Für den Belag das Gemüse putzen. Möhren in kleine Würfel, Stangensellerie in feine Scheiben und Frühlingszwiebeln in Ringe schneiden. Salzwasser aufkochen und das gesamte Gemüse darin blanchieren, abgießen und abtropfen lassen. Sahne, Eigelbe, Käse und Petersilie verrühren, salzen und pfeffern. Das Gemüse untermischen. Eiweiß mit 1 Prise Salz zu steifem Schnee schlagen und unter die Gemüsemasse heben.

4. Den Gemüsebelag auf den Teigböden verteilen und die Törtchen bei 200 °C im vorgeheizten Ofen 20 bis 25 Minuten backen.

Quiche mit Brokkoli und Schinken

SAFTIGER GEMÜSEBELAG AUF FEINEM MÜRBETEIG, DER VOR DEM BELEGEN BLINDGEBACKEN WIRD.

Emmentaler mit seinem milden Aroma ist der Hartkäse der Wahl für den Belag dieses pikanten Kuchens, denn er ergänzt Gemüse wie Schinken gleichermaßen gut. Dazu trinkt man auch in Belgien gern ein Glas gut gekühlten, trockenen Weißwein.

Schön mürbe und nicht durchgeweicht – so ist der Teig perfekt. Wer mag, kann die Quiche statt in einer großen Form auch in kleinen Portionsförmchen backen.

Für den Teig:
250 g Weizenmehl Type 405
100 g Butterschmalz
1/2 TL Salz
Für den Belag:
300 g Brokkoli, Salz
80 g Zwiebeln
1 Knoblauchzehe
160 g Schinken
2 EL Öl
200 ml Milch, 200 ml Sahne
1 Ei, 4 Eigelbe
frisch geriebene Muskatnuß
Salz, frisch gemahlener Pfeffer
90 g frisch geriebener Emmentaler
Außerdem:
1 Quicheform von 32 cm Durchmesser
Backpapier und Hülsenfrüchte zum Blindbacken

1. Für den Teig das Mehl auf eine Arbeitsfläche sieben und in die Mitte eine Mulde drücken. Schmalz, Salz sowie 90 ml Wasser hinzufügen und alles schnell zu einem glatten Teig verarbeiten. Dafür zunächst mit den Fingern oder einer Gabel die Zutaten in der Mulde zerdrücken und etwas Mehl einarbeiten. Dann mit einer Palette oder einem großen Messer das Mehl von außen zur Mitte schieben, bis alle Zutaten grob vermengt sind. Die Palette oder das Messer mit beiden Händen fassen und alles zu feinen Krümeln hacken. Erst jetzt mit den Händen weiterarbeiten und die Krümel schnell zusammenkneten, bis ein glatter Teig entsteht. Jedoch dabei darauf achten, daß der Teig nicht zu lange bearbeitet wird, sonst werden das Fett warm und der Teig »kurz«, also brüchig. Zu einer Kugel formen, in Folie wickeln und etwa 1 Stunde im Kühlschrank ruhen lassen.

2. Den Teig auf einer bemehlten Arbeitsfläche 3 mm dick ausrollen, in die Quicheform legen und den Rand leicht andrücken. Den überstehenden Teigrand abschneiden. Den Boden mit Back-

papier auslegen und mit den Hülsenfrüchten beschweren. Bei 200 °C im vorgeheizten Ofen 15 Minuten blindbacken, damit der Teigrand stehen und der Boden flach bleibt. Aus dem Ofen nehmen, auskühlen lassen und die Hülsenfrüchte sowie das Papier entfernen.

3. Inzwischen für den Belag den Brokkoli waschen, putzen und in kleine Röschen teilen. In sprudelnd kochendem Salzwasser blanchieren, herausheben, kalt abspülen und auskühlen lassen.

4. Zwiebeln und Knoblauch schälen und fein hacken. Den Schinken in Streifen schneiden. Das Öl in einer Pfanne erhitzen und die Zwiebel- und Knoblauchwürfel sowie die Schinkenstreifen darin hell anschwitzen. Die Pfanne von der Kochstelle nehmen und den Inhalt auskühlen lassen.

5. Die Milch, die Sahne, das Ei und die Eigelbe in einer Schüssel miteinander verquirlen. Mit Muskatnuß, Salz und Pfeffer würzen. Den Käse einrühren. Die Schinken-Zwiebel-Mischung und die Brokkoliröschen unterheben.

6. Die Füllung auf dem vorgebackenen Teigboden verteilen und glattstreichen. Die Quiche bei 200 °C im vorgeheizten Ofen in 40 bis 45 Minuten fertigbacken.

Zweierlei Knäckebrote

KNUSPRIGE, DÜNNE FLADEN, WIE SIE UNBEDINGT ZU EINEM ÜPPIGEN SKANDINAVISCHEN BÜFETT DAZUGEHÖREN.

Schwedisches Knäckebrot aus Finnland? Aber sicher! Im Südwesten und auf den Åland-Inseln lebt eine schwedischsprachige Minderheit, die für eine auch kulinarisch enge Verbindung zum Nachbarland sorgt.

Schwedisches Knäckebrot
Für 5 Stück
300 g Weizenmehl Type 405, 200 g Gerstenmehl
25 g frische Hefe, 1 EL Zucker
1/4 l lauwarmes Wasser
30 g Butter, in Stückchen, 1 1/2 gestrichene TL Salz
Außerdem:
Backpapier für das Backblech

1. Beide Mehlsorten in eine Schüssel sieben und in die Mitte eine Mulde drücken. Hefe und Zucker im Wasser auflösen, in die Mulde gießen und mit etwas Mehl vom Rand vermischen. Butter sowie Salz zufügen und alles zu einem geschmeidigen Teig verkneten. Mit einem sauberen Tuch bedecken und den Teig an einem warmen Ort etwa 45 Minuten gehen lassen.

2. Den Teig durchkneten und in 5 Portionen teilen. Jede Teigportion auf einer bemehlten Arbeitsfläche zu einem Fladen von 25 cm Durchmesser ausrollen. Aus jedem Teigfladen in der Mitte einen Kreis von 5 cm Durchmesser ausstechen und die Fladen mit einer Gabel etwa 20 mal einstechen. Weitere 15 Minuten gehen lassen.

3. Ein Blech mit Backpapier auslegen und die Brote darauf nacheinander bei 200 °C im vorgeheizten Ofen auf der untersten Schiene etwa 20 Minuten backen. Aus dem Ofen nehmen und auf einem Kuchengitter auskühlen lassen.

Finnisches Knäckebrot
Für etwa 20 Stück
150 g Roggenmehl Type 1150
150 g Weizenmehl Type 550
150 g Roggenvollkornmehl
50 g Haferschrot, 1 TL Backpulver
1 1/2 gestrichene TL Salz, 1 EL Zucker
1 TL zerstoßener Anis
70 g zerlassene Butter, 150 ml lauwarme Milch
etwa 1/4 l lauwarmes Wasser
Außerdem:
Kleie für das Backblech

1. Alle Mehlsorten, Schrot und Backpulver in einer Schüssel mischen. Salz, Zucker und Anis darüberstreuen. Butter, Milch und Wasser unterrühren und alles zu einem glatten Teig verkneten. Mit einem sauberen Tuch abdecken und etwa 1 Stunde ruhen lassen.

2. Den Teig durchkneten, in etwa 20 gleichgroße Stücke teilen und diese zu Kugeln formen. Die Teigkugeln auf einer bemehlten Arbeitsfläche zu dünnen Fladen von 10 cm Durchmesser ausrollen. Ein Backblech mit Kleie ausstreuen und die Fladen auflegen. Jeden Fladen mit einer Gabel gleichmäßig dicht nebeneinander einstechen.

3. Die Brote bei 160 °C im vorgeheizten Ofen auf der mittleren Schiene 10 bis 15 Minuten backen; sie sollen nicht braun werden. Wenn's schneller gehen soll, kann man die Brote auch auf 2 Backblechen gleichzeitig backen. Dafür die Bleche jeweils auf der zweiten Leiste von oben und unten einschieben, während der Backzeit mehrfach umschichten. Die fertigen Brote zum Schluß noch bei 50 °C etwa 10 Minuten trocknen.

Kleine Kümmelkuchen

GEFÜLLT MIT EINEM BUTTERFLÖCKCHEN, DAS FÜR DEN FEINEN GESCHMACK SORGT.

Die nord-östliche Variante von pikantem Gebäck zum Bier: tennisballgroße Hefekugeln, bestreut mit Kümmel und verfeinert mit frischer Butter, genau das richtige für die langen Winter.

Die Küchen Estlands, Lettlands und Litauens – die drei Länder unterscheiden sich in Kochtradition und Kultur ja doch erheblich – sind stark von jenen ihrer unmittelbaren Nachbarn geprägt; russische Einflüsse sind ebenso auszumachen wie polnische. Aber auch die deutsche Küche hat, insbesondere in Estland, durch die lange währende Herrschaft des Deutschen Ordens – noch heute sieht man vielerorts die verfallenen Ruinen aus dieser Zeit (13. Jahrhundert) – ihre Spuren hinterlassen. Aus kulinarischer Sicht können also die baltischen Staaten geradezu als Bindeglied zwischen Ost und West bezeichnet werden. Die Küchen der drei Länder sind als einfach, wohlschmeckend, aber nur selten raffiniert zu charakterisieren. Ein Beispiel für ihre solide Kost stellen die im folgenden Rezept beschriebenen Hefebrötchen dar, die mit reichlich Kümmel, der neben dem Dill zu den wichtigsten Gewürzen der baltischen Küchen zählt, bestreut gebacken werden. Backwerk spielt dort ja generell eine große Rolle, ist doch Brot etwa für Estland mittlerweile ein wichtiger Exportartikel geworden. Allerdings weniger die Kümmelkuchen, als vielmehr diverse Brotsorten aus dunklem Roggenmehl.

Die Teigkugeln auf dem Backblech etwas flachdrücken und mit einem runden Löffelstiel Vertiefungen eindrehen.

Die Teigstücke mit dem mit Milch verquirlten Eigelb bestreichen, dabei jedoch die Vertiefungen aussparen.

Jeweils 1 Butterflöckchen in die Vertiefungen setzen. Je nach Geschmackswunsch mit entsprechend viel Kümmel bestreuen.

Für 24 Stück
Für den Teig:
750 g Weizenmehl Type 405
42 g frische Hefe

1 TL Zucker
1/8 l lauwarme Milch
1/4 l lauwarmes Wasser
1 1/2 TL Salz
2 Eier
120 g Butter, in Flöckchen
ungemahlene Kümmelsamen zum Bestreuen
Außerdem:
Fett für das Backblech
1 Eigelb, verquirlt mit 2 EL Milch

Das Mehl in eine Schüssel sieben und in die Mitte eine Mulde drücken. Die Hefe hineinbröckeln, den Zucker zugeben. Die Milch mit dem Wasser vermischen und etwa 6 EL davon in die Mulde geben. Alle Zutaten der Mulde miteinander verrühren, dabei etwas Mehl vom Rand mit untermischen. Den Ansatz mit Mehl bestauben, die Schüssel mit einem sauberen Tuch bedecken und an einen warmen Ort stellen. Den Teig etwa 15 Minuten gehen lassen, bis die Oberfläche starke Risse zeigt. Das Salz, die restliche Flüssigkeit sowie die Eier zum Vorteig geben und alles zunächst mit einem Rührlöffel verrühren. Mit den Händen kneten, bis ein geschmeidiger Teig entstanden ist. Diesen zu einer Kugel formen und erneut zugedeckt gehen lassen, bis sich das Teigvolumen verdoppelt hat – das dauert etwa 30 Minuten. Den Teig kurz durchkneten und in 24 Kugeln zu je etwa 50 g formen. Ein Backblech fetten. Die Teigkugeln darauflegen und weiterverfahren, wie in der nebenstehenden Bildfolge links gezeigt. Die vorbereiteten Teigkuchen nochmals 15 bis 20 Minuten gehen lassen. Bei 200 °C im vorgeheizten Ofen backen.

Gewürzbrezeln und -brötchen

AUS HEFETEIG GEFORMT UND GEWÜRZT MIT KÜMMEL UND GROBEM SALZ ODER ZUSÄTZLICH NOCH MIT KORIANDER.

Gewürzbrezeln
Für 2 Stück
1/8 l lauwarmes Wasser, 70 ml lauwarme Milch
375 g Weizenmehl Type 405
20 g frische Hefe, 1/2 TL Zucker, 1 TL Salz, 1 Ei
Außerdem:
1 Eigelb mit 2 EL Milch verquirlt
Kümmelsamen und grobes Salz zum Bestreuen

1. Wasser und Milch vermischen. Das Mehl in eine Schüssel sieben, in die Mitte eine Mulde drücken und die Hefe hineinbröckeln. Den Zucker darüberstreuen und die Hefe mit einem Teil der Wasser-Milch-Mischung verrühren. Mit Mehl bestauben und den Ansatz zugedeckt etwa 15 Minuten gehen lassen, bis sich sein Volumen verdoppelt hat und die Oberfläche Risse zeigt.

2. Das Salz auf das Mehl am Schüsselrand streuen. Von der Mitte aus die restliche Milch-Wasser-Mischung sowie das Ei in den Teig einarbeiten. Den Teig kräftig durchkneten und zugedeckt an einem warmen Ort etwa 1/2 Stunde gehen lassen, bis sich sein Volumen verdoppelt hat.

3. Nochmals kurz durchkneten und den Teig in 6 gleichmäßige Stücke teilen. Diese zu langen Rollen formen und aus je 3 Teigsträngen einen Zopf flechten. Die Zöpfe zu 2 großen Brezeln formen und auf einem gefetteten Backblech nochmals 15 Minuten gehen lassen. Mit der Eigelb-Milch-Mischung bestreichen, mit Kümmel sowie grobem Salz bestreuen und die Brezeln bei 200 °C im vorgeheizten Ofen in 10 bis 15 Minuten goldbraun backen. Herausnehmen und auf einem Kuchengitter auskühlen lassen.

Gewürzbrötchen
Für 24 Stück
1/8 l lauwarmes Wasser, 70 ml lauwarme Milch
375 g Weizenmehl Type 405, 20 g frische Hefe
1/2 TL Zucker, 1 TL Salz, 1 Ei
Außerdem:
2 Rehrückenformen, 120 g zerlassene Butter
2 TL Koriander, 1 TL Kümmel
1/2 TL schwarze Pfefferkörner, 1 TL grobes Salz

1. Aus den angegebenen Zutaten einen Hefeteig zubereiten, wie im nebenstehenden Rezept beschrieben und zugedeckt etwa 1/2 Stunde gehen lassen.

2. Nochmals kurz durchkneten, aus dem Teig 24 Kugeln formen und diese flachdrücken. In zerlassener Butter wenden und in die gebutterten Rehrückenformen setzen.

3. Den Koriander, den Kümmel und den Pfeffer im Mörser grob zerstoßen, mit dem Salz vermischen und das Gewürz auf die Brötchen streuen. Diese in den Formen nochmals 30 Minuten gehen lassen und bei 200 °C etwa 25 Minuten backen. Herausnehmen und auskühlen lassen.

Die Watruschki erhalten ihre apartes Aussehen durch den hochgezogenen Rand. Dafür jeweils den überstehenden, mit Eigelb bestrichenen Rand nach oben schlagen und zusammenkneifen. Häufig backt man sie auch offen, das heißt, ohne noch einen Teigdeckel aufzulegen.

Watruschki

UND PIROSCHKI – KÖSTLICHE, MIT QUARK ODER LACHS GEFÜLLTE TEIGTASCHEN.

Die russische Küche ist berühmt für die Vielfalt ihres pikanten Backwerks: Pastetchen, Piroschki und Piroggen kommen dort duftend und goldbraun mit diversen Füllungen auf den Tisch.

Watruschki
Für den Teig:
300 g Weizenmehl Type 405, 1/2 TL Backpulver
1/2 TL Salz, 80 g weiche Butter
1 Ei, 1/8 l saure Sahne
Für die Quarkfüllung:
500 g Magerquark, 1 EL saure Sahne, 2 Eier
1/2 TL Salz, frisch gemahlener Pfeffer, 1 TL Zucker
Außerdem:
1 verquirltes Eigelb zum Bestreichen

1. Mehl und Backpulver in eine Schüssel sieben und in die Mitte eine Mulde drücken. Salz und Butter hineingeben und mit etwas Mehl vermengen. Ei und Sahne zufügen, alles zu einem glatten Teig verarbeiten. Zur Kugel formen, in Folie wickeln, 45 Minuten in den Kühlschrank stellen.

2. Den Quark gut ablaufen lassen und durch ein Sieb streichen. Mit Sahne, Eiern, Salz, Pfeffer und Zucker verrühren. Ebenso 45 Minuten kalt stellen.

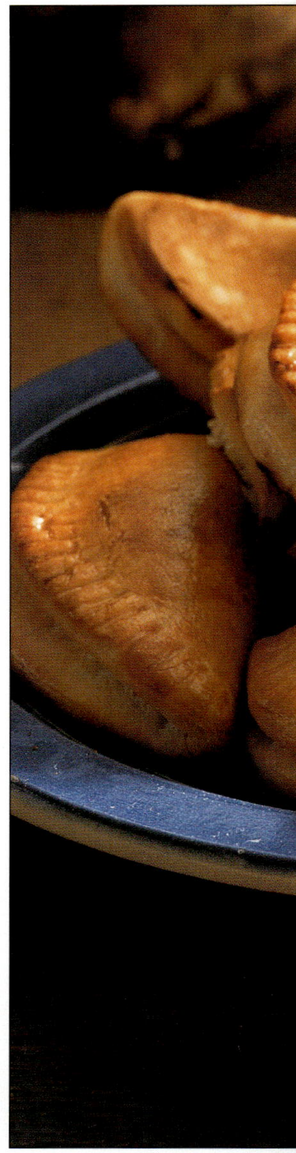

Piroschki sind kleine Piroggen. Auf ausgestochenen Teigkreisen verteilt man einen Löffel der Lachsfüllung und klappt sie dann zu Halbkreisen zusammen.

3. Den Teig 3 mm dick ausrollen. Weiterverfahren, wie links unten gezeigt. Mit Eigelb bestreichen, mehrmals einstechen und bei 200 °C im vorgeheizten Ofen etwa 20 Minuten backen.

Für die Watruschki aus dem Teig je 12 Kreise von 9 und 12 cm Durchmesser ausstechen. Auf die größeren Kreise mittig etwas Füllung setzen. Jeweils 1 kleine Platte aufsetzen, den überstehenden Teigrand mit Eigelb bestreichen und den Rand in kleinen Falten hochschlagen.

Piroschki
Für den Teig:
375 g Weizenmehl Type 550, 1 TL Salz
30 g frische Hefe
1/8 l lauwarme Flüssigkeit (halb Milch, halb Wasser)
60 g weiche Butter, 1 Ei
Für die Lachsfüllung:
50 g Zwiebel, 250 g Räucherlachs, Salz
frisch gemahlener Pfeffer, 1 EL frisch gehackter Dill
Außerdem:
1 Eigelb, mit 1 EL Milch verquirlt, zum Bestreichen

1. Das Mehl in eine Schüssel sieben und mit Salz vermischen. Die Hefe in der mit Wasser verdünnten Milch unter Rühren auflösen. Die Hefelösung, die Butter und das Ei zum Mehl geben und alles zu einem geschmeidigen Teig verkneten. Den Teig mit einem sauberen Tuch abdecken und etwa 30 Minuten gehen lassen.

2. Für die Füllung die Zwiebel schälen und fein würfeln. Den Räucherlachs in Streifen schneiden. Beides vermischen, nach Bedarf salzen, pfeffern und den Dill unterrühren.

3. Den Teig etwa 5 mm dick ausrollen und Kreise von 10 bis 12 cm Durchmesser ausstechen. Die Füllung darauf verteilen. Die Ränder mit Eigelb bestreichen und zur Hälfte zusammenklappen. Die Ränder erst mit den Fingern und dann mit einer Gabel gut andrücken, damit keine Füllung austreten kann.

4. Die Piroschki auf ein gefettetes Blech setzen und erneut 30 bis 40 Minuten gehen lassen, bis sich ihr Volumen deutlich vergrößert hat. Die Oberflächen mit dem verquirlten Eigelb bestreichen und die Piroschki bei 180 °C im vorgeheizten Ofen etwa 20 Minuten backen.

Russische Kohlpastete

»KULEBJAKA« – EINE MOSKAUER SPEZIALITÄT – ERINNERT AN EINE PIROGGE, DOCH IHRE FORM IST LÄNGLICH STATT RUND.

Kraut und Rüben sind mit die wichtigsten russischen Gemüsesorten und werden überaus vielfältig zubereitet. Eine besonders attraktive Art, Weißkohl zu servieren, ist, ihn in einer Pastete zu verstecken. Typischerweise kommen dazu kleingeschnittene hartgekochte Eier mit in die Füllung.

Für den Teig:
600 g Weizenmehl Type 405, 300 g Butter
1 gestrichener TL Salz, 1 Ei
Für die Füllung:
900 g Weißkohl, 150 g Zwiebeln, 40 g Butter
2 hartgekochte Eier, 3 EL gehackter Dill
2 EL gehackte Petersilie
1 EL Salz, Zucker, frisch gemahlener weißer Pfeffer
Außerdem:
2 verquirlte Eigelbe zum Bestreichen

Für den Teig das Mehl in eine Schüssel sieben. Die Butter in Stücken, das Salz und das Ei zufügen. Alles zu einem geschmeidigen Teig verarbeiten und dabei 8 bis 12 EL Wasser unterarbeiten. Den Teig in Folie wickeln und etwa 1 Stunde kühl stellen. Für die Füllung den Weißkohl vierteln, den Strunk entfernen und die Blätter in Streifen schneiden. Den Kohl in Salzwasser 5 Minuten blanchieren, abgießen und abtropfen lassen. Die Zwiebeln schälen und fein hacken. Die Butter in einem feuerfesten Topf zerlassen und die Zwiebeln darin hell anschwitzen. Den Kohl zufügen, 1/4 l Wasser angießen und den Deckel auflegen. Den Kohl bei 180 °C im vorgeheizten Ofen 30 bis 40 Minuten garen. Wenn der Kohl weich ist, den Deckel abnehmen, damit die Flüssigkeit verdampfen kann. Den Kohl abtropfen und etwas abkühlen lassen. Die Eier pellen, klein hacken und mit den Kräutern und Gewürzen unter den Kohl mischen. Den Teig kurz durchkneten und in ein etwas größeres und ein etwas kleineres Stück teilen. Beide auf einer bemehlten Arbeitsfläche zu 2 rechteckigen Teigplatten von 3 bis 4 mm Dicke ausrollen. Die Füllung in Form eines länglichen Blocks auf die etwas kleinere Platte geben, dabei einen 3 cm breiten Rand freilassen. Weiterverfahren, wie in der Bildfolge gezeigt. Die verzierte Pastete auf ein gefettetes Blech setzen und 15 Minuten im Kühlschrank ruhen lassen, damit sie beim Backen ihre Form behält. Bei 220 °C im vorgeheizten Ofen 30 Minuten backen, herausnehmen. Vor dem Servieren die Alufolie entfernen.

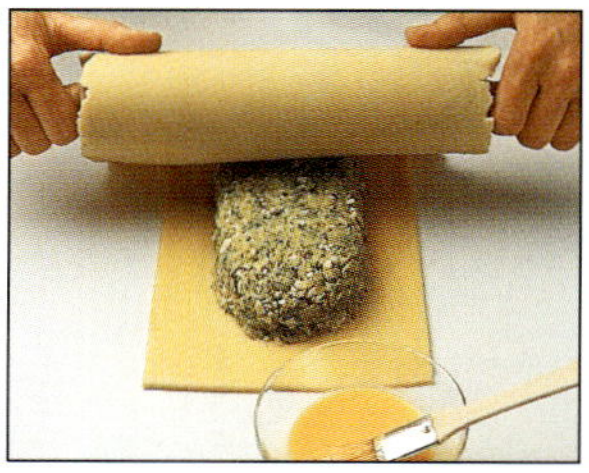

Das etwas größere Teigrechteck mit Hilfe eines Nudelholzes über der Füllung abrollen. Den Rand der unteren Teigplatte mit Eigelb bestreichen.

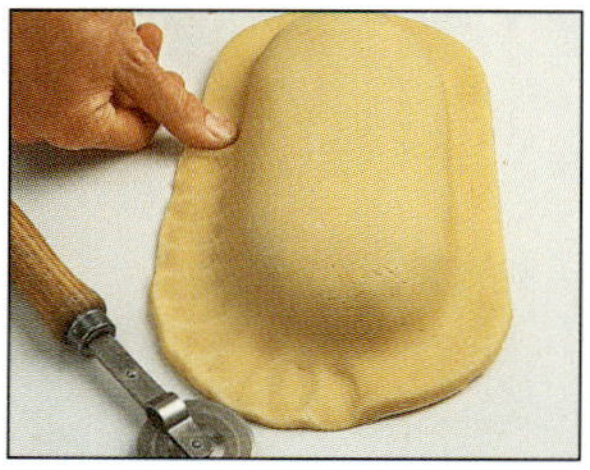

Den Teig den Konturen der Füllung anpassen. Die Ränder glattschneiden – dabei die Ecken abrunden – und breit zusammendrücken.

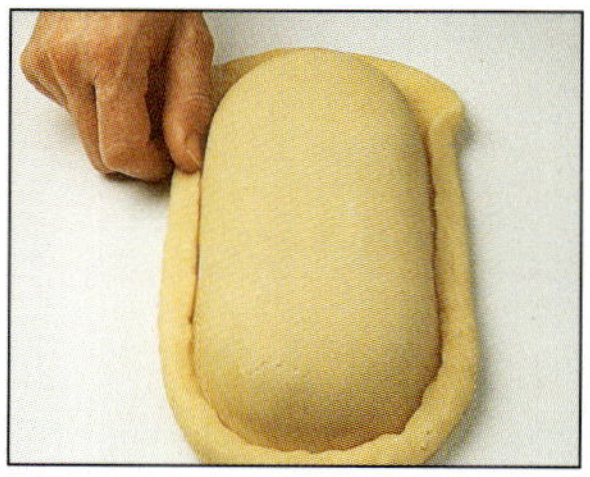

Den Rand an der Oberfläche mit Eigelb bestreichen und so nach oben umschlagen, daß eine Rolle entsteht. Mit dem Daumen leicht andrücken.

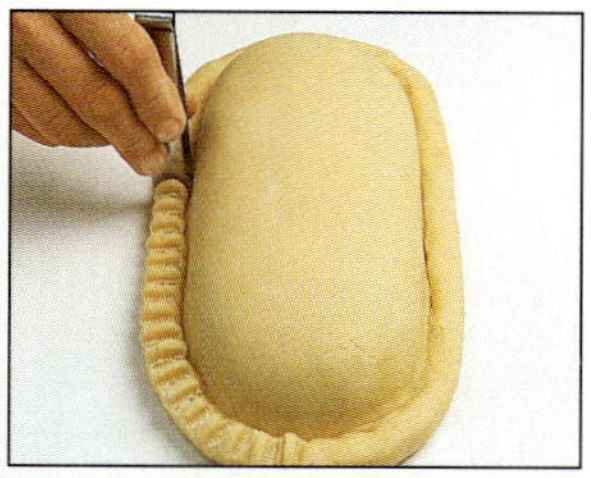

Mit einem Teigkneifer verzieren. Nur die hochstehenden Teile mit Eigelb bepinseln. Mittig eine Öffnung ausstechen und einen Kamin aus Alufolie einsetzen.

Aus den Teigresten Blätter ausschneiden, diese mit Eigelb bestreichen und die Oberfläche damit verzieren. Um den Kamin eine Rosette legen.

Kümmelfladen

EINFACHE ZUTATEN, UNKOMPLIZIERTE ZUBEREITUNG: EIN RUSTIKALER, GUT GEWÜRZTER IMBISS.

Saure Sahne und Kümmel – ohne diese beiden Zutaten scheint die polnische Küche geradezu undenkbar! Hier einmal in herzhaftem Backwerk vereint, zu dem beispielsweise ein kühles, helles Bier ganz hervorragend schmeckt.

Für 6 Stück
Für den Teig:
400 g Weizenmehl Type 405
100 g Roggenmehl Type 997
30 g frische Hefe, 1/4 l lauwarme Milch
1 TL Salz
Für den Belag:
1/4 l saure Sahne (10 % Fett)
2 Eier, 1/2 TL Salz
2 Messerspitzen edelsüßes Paprikapulver
3 TL Kümmelsamen
3 EL Schnittlauchröllchen
Außerdem:
Mehl zum Ausrollen, Fett für das Blech

1. Beide Mehlsorten in eine Schüssel sieben und in die Mitte eine Mulde drücken. Die Hefe hineinbröckeln und mit der Milch auflösen, dabei etwas Mehl vom Rand mit unterarbeiten. Den Ansatz mit Mehl bestauben. Die Schüssel mit einem sauberen Tuch abdecken und den Vorteig an einem warmen, zugfreien Ort gehen lassen, bis die Oberfläche Risse zeigt.

2. Das Salz zum Vorteig geben und alle Zutaten miteinander zu einem glatten Teig verarbeiten. Den Teig zu einer Kugel formen, in die Schüssel legen und zugedeckt 30 Minuten gehen lassen. Den Teig erneut durchkneten und weitere 30 Minuten gehen lassen.

3. Den Teig durchkneten und zu einer Rolle formen. In 6 gleichgroße Stücke teilen und jedes Stück auf einer bemehlten Arbeitsfläche zu daumendicken Fladen von etwa 20 cm ausrollen. Die Fladen auf gefettete Backbleche legen und die Oberflächen mit einer Gabel einstechen.

4. Für den Belag die saure Sahne mit den Eiern verrühren. Mit Salz und Paprikapulver würzen. Die Kümmelsamen und die Schnittlauchröllchen untermischen. Die Masse auf die Fladen verteilen und verstreichen, dabei jeweils ringsum einen kleinen Rand frei lassen.

5. Die Fladen bei 200 °C im vorgeheizten Ofen 15 bis 20 Minuten backen. Herausnehmen, etwas abkühlen lassen und servieren.

Das Aroma von Kümmel wird vor allem in Mittel- und Osteuropa sehr geschätzt. Die unscheinbaren Samen können aber noch mehr als würzen: Sie wirken appetitanregend und magenberuhigend.

Die Teigkugeln einzeln in Butter tauchen und mit etwas Abstand zueinander in die gebutterte Form setzen. 30 Minuten gehen lassen und dann mit Eigelb bestreichen.

Gebutterte Mohnsemmeln

IN EIN HOHES, RUNDES BLECH GESETZT, ERHALTEN DIE BRÖTCHEN VON GANZ ALLEIN DIE RICHTIGE FORM.

Mohnsamen sind zur Verfeinerung von Gebäck beliebt, vor allem im Gebiet der ehemaligen k.u.k.-Monarchie verwendet man sie viel. Doch während der Mohn für Füllungen meist gemahlen wird, greift man zum Bestreuen von Semmeln generell zu den ungemahlenen Samen. Wer etwas Besonderes auf den Tisch bringen will, der kann aus dem Teig auch kleine Mohnzöpfe formen, die als schöner Blickfang jede Tafel bereichern. Es gibt hierbei verschiedene Flechtmethoden. Die Zöpfe unten im Bild wurden als Viererzopf aus zwei Teigsträngen geflochten. Dazu teilt man den Teig in 28 Teigstücke von je 30 g und formt jedes Stück zu einer 25 bis 30 cm langen Rolle aus. Nun legt man jeweils einen Teigstrang quer auf die Arbeitsfläche, schlingt einen zweiten Strang in der Mitte um den ersten und spreizt ihn an beiden Enden auseinander. Das sieht dann etwa aus wie ein großes »T« auf zwei Beinen. Nun beginnt man mit den vertikalen Enden zu flechten, legt dann die horizontale rechte Stranghälfte darüber, bevor die linke horizontale Hälfte folgt, die jetzt ihrerseits eingeflochten wird. So fortfahren, bis der Zopf zu Ende geflochten ist. Die andern Zöpfe entsprechend flechten. Die fertigen Exemplare auf ein gefettetes Backblech legen und zugedeckt 15 bis 20 Minuten gehen lassen, bis sich ihr Volumen deutlich vergrößert hat. Die Zöpfe mit verquirltem Eigelb bestreichen und mit Mohn bestreuen. Bei 200 °C im vorgeheizten Ofen 20 bis 25 Minuten backen.

Locker-leichtes Hefegebäck als Höhepunkt der sonntäglichen Frühstückstafel. Nur muß der »Bäcker« daran denken, früher aufzustehen als der Rest, sonst wird's nichts.

Für den Teig:
1/8 l Milch, 35 g frische Hefe
500 g Weizenmehl Type 550, 1 TL Salz, 1 Ei
Außerdem:
50 g Butter
1 hohe Tarteform von 26 cm Durchmesser
Butter für die Form
1 Eigelb, ungemahlene Mohnsamen zum Bestreuen

1. Die Milch und gut 1/8 l Wasser in einem Topf ganz leicht erwärmen und die Hefe darin auflösen. Das Mehl in eine Schüssel sieben und mit dem Salz vermischen. Die Hefelösung und das Ei nach und nach unter das Mehl rühren, bis ein geschmeidiger Teig entstanden ist. Den Teig zur Kugel formen und in die Schüssel legen. Diese mit einem Tuch abdecken und den Teig an einem warmen Ort etwa 30 Minuten gehen lassen.

2. Den Teig durchkneten und in 14 Stücke zu je 60 g teilen. Die Stücke zu Kugeln rollen. Die Butter in einer kleinen Stielkasserolle zerlassen. Jede einzelne Kugel mit den Händen fassen und in die Butter eintauchen, wie oben links gezeigt. Durch dieses Einfetten lassen sich die Semmeln später gut voneinander lösen. Mit etwas Abstand zueinander in die gebutterte Form setzen, weitere 30 Minuten gehen lassen.

3. Die gegangenen Teigkugeln mit Eigelb bestreichen und mit Mohn bestreuen. Bei 200 °C im vorgeheizten Ofen 40 bis 45 Minuten backen.

Das Kürbispüree fällt mal feuchter, mal trockener aus. Deshalb kann die Menge des für das Brot benötigten Mehls geringfügig variieren. Der Teig hat dann die richtige Konsistenz, wenn er sich gut vom Rand der Rührschüssel löst.

Kürbisbrot

MIT EINER KRUME VON APPETITLICH GOLDGELBER FARBE, SAFTIG UND LEICHT SÜSSLICH IM GESCHMACK.

Für dieses Brot muß zunächst ein Kürbispüree zubereitet werden: 400 g braucht man pro Laib. Das Püree hat ein besonders feines Aroma, wenn man es aus Moschuskürbissen – zu diesen zählt etwa der im Herbst fast überall erhältliche, orangefarbene Hokkaidokürbis – herstellt. Es läßt sich portionsweise einfrieren, so daß man das Brot auch außerhalb der Kürbissaison backen kann.

1 Kürbis von etwa 1 kg
100 ml lauwarme Milch, 20 g frische Hefe
1 1/2 gestrichene EL brauner Zucker
350 g Dinkelmehl
350 g Weizenmehl Type 1050
1 gestrichener TL gemahlener Ingwer
2 TL Meersalz
25 g weiche Butter
Außerdem:
Alufolie
1 Brotformkörbchen von 24 cm Durchmesser
Mehl und Öl für das Blech

Zunächst das Püree zubereiten. Dazu den Kürbis vierteln, mit einem Löffel das faserige Innere mitsamt den Samen entfernen. Die Kürbisstücke entweder in einen Bräter setzen, 2 cm hoch Wasser angießen, mit Alufolie abdecken und bei 180 °C im vorgeheizten Ofen 40 bis 50 Minuten garen. Oder die Kürbisviertel einzeln in Alufolie wickeln und 60 Minuten im Ofen garen. Die Kürbisstücke herausnehmen und etwas abkühlen lassen. Das Fruchtfleisch mit einem Messer aus der Schale lösen und durch ein feines Sieb streichen. Für den Teig die Milch in eine Rührschüssel gießen. Die Hefe hineinbröckeln, den Zucker zufügen und beides mit der Milch unter Rühren auflösen. Die beiden Mehlsorten mischen. 6 EL der Mehlmischung unter die Hefemilch rühren. Die Schüssel mit einem sauberen Tuch abdecken und den Vorteig zugedeckt an einem warmen, zugfreien Ort etwa 15 Minuten gehen lassen. Das Kürbispüree nach und nach mit dem Knethaken der Küchenmaschine unter den Vorteig rühren. Mit Ingwer und Salz würzen, etwa 1/3 des Mehls einarbeiten. Das restliche Mehl nach und nach unterkneten. Alles mit der Butter zu einem glatten Teig verarbeiten. Den Teig aus der Schüssel nehmen und weiterverfahren, wie in den ersten drei Bildern der Folge gezeigt. Eine Tasse Wasser in den Ofen stellen und diesen auf 220 °C vorheizen. Das Brot backen, wie im letzten Bild unten beschrieben.

Den Teig auf einer Arbeitsfläche mit den Händen gut durchkneten, bis er glatt und geschmeidig ist. Zu einer Kugel formen.

Das Brotformkörbchen mit Mehl ausstauben. Den Teig darin zugedeckt gehen lassen, bis er sein Volumen verdoppelt hat.

Ein Backblech mit Öl fetten und mit Mehl bestauben. Das Brot darauf stürzen und erneut kurz gehen lassen.

Den Laib in den Ofen schieben und 15 Minuten backen. Auf 200 °C zurückschalten und das Brot in 35 Minuten fertigbacken.

Kuchen mit Kartoffeln und mit Zucchini

GLEICHER TEIG, GLEICHER GUSS UND DAZU ZWEI UNTERSCHIEDLICHE FÜLLUNGEN ZUR AUSWAHL.

Für den Teig:
200 g Weizenmehl Type 405
100 g Butter, 1 Eigelb, 1/2 TL Salz
Für die Zucchinifüllung:
400 g Zucchini, 60 g weiße Zwiebel
100 g gekochter Schinken, 3 EL Sonnenblumenöl
Salz, frisch gemahlener Pfeffer
1/2 TL gehackte Thymianblättchen
Für die Kartoffelfüllung:
600 g festkochende Kartoffeln, Salz, 1/4 TL Kümmel
100 g geräucherter durchwachsener Speck
50 g weiße Zwiebel, 80 g Lauch, 1 EL Pflanzenöl
1 EL gehackte Petersilie, frisch gemahlener Pfeffer
Für den Sahneguß:
100 ml Sahne, 100 g Crème fraîche, 3 Eier
1 Knoblauchzehe, Salz, frisch gemahlener Pfeffer
Außerdem:
Quicheform von 26 cm Durchmesser
Backpapier und Hülsenfrüchte zum Blindbacken

1. Für den Teig das Mehl mit Butter, Eigelb, Salz und 1 bis 2 EL Wasser schnell zu einem glatten Mürbteig verkneten. In Folie gewickelt 1 Stunde kühl ruhen lassen.

Der Zucchinikuchen ist ganz problemlos fertigzustellen: Einfach die Zucchini-Schinken-Masse auf dem blindgebackenen Boden gleichmäßig verteilen, mit Sahneguß vollenden und ab in den Ofen.

Der Kuchen mit Kartoffeln wird wie folgt belegt: 2/3 der Speckmischung auf dem Boden verteilen. Die Kartoffelscheiben leicht überlappend in Kreisen auflegen, mit der restlichen Mischung bestreuen.

2. Den Teig etwa 4 mm dick ausrollen und in die ungefettete Form legen. Mit einer Gabel mehrmals einstechen. Mit Backpapier bedecken und Hülsenfrüchte einfüllen. Den Boden bei 200 °C im vorgeheizten Ofen 15 Minuten blindbacken. Das Backpapier sowie die Hülsenfrüchte entfernen und den Boden etwas auskühlen lassen.

3a. Für den Zucchinikuchen die Zucchini waschen und putzen. Die Früchte zunächst in 5 mm dicke Scheiben, diese dann in 5 mm lange Stifte schneiden. Die Zwiebel schälen und fein hacken. Schinken in feine Streifen schneiden. Zwiebel in erhitztem Öl glasig schwitzen, Schinken kurz mitbraten, Zucchini untermischen. Alles mit Salz, Pfeffer und Thymian würzen.

3b. Für den Kartoffelkuchen die Kartoffeln waschen. Mit Salz und Kümmel würzen und in 15 bis 20 Minuten fast gar kochen. Pellen und in etwa 4 mm dicke Scheiben schneiden. Den Speck 1/2 cm groß würfeln. Die Zwiebel schälen und fein hacken. Den Lauch putzen und in dünne Scheiben schneiden. Das Öl erhitzen und die Zwiebeln darin farblos anschwitzen. Lauch und Speck 2 bis 3 Minuten mitbraten. Petersilie einstreuen, salzen, pfeffern und abkühlen lassen.

4. Für den Guß die Sahne mit der Crème fraîche und den Eiern verquirlen. Den Knoblauch schälen und dazupressen. Salzen, pfeffern. Den Sahneguß über der Füllung verteilen. Bei 180 °C im vorgeheizten Ofen etwa 45 Minuten backen.

Bei der Ernte. Noch auf dem Feld schneidet man die groben, oft schon leicht welken äußeren Hüllblätter der Kohlköpfe ab. Danach ist der Weißkohl bei entsprechender Lagerung dann beinahe unbegrenzt haltbar.

Krautstrudel

HAUCHDÜNN AUSGEZOGEN, IST DER TEIG AUCH FÜR PIKANTE FÜLLUNGEN GEEIGNET.

In Österreich, insbesondere im Burgenland oder in Niederösterreich, sind Strudel aller Art bekannt. Dort haben sich neben den beliebten süßen, etwa dem Apfel- oder Topfenstrudel, auch salzige Variationen etabliert. Als Füllung kommen Bohnen oder Pilze in Frage, gerne gegessen wird aber auch jener mit Weißkraut – »Murkenstrudel« genannt –, der entweder als Snack oder auch als Hauptgericht gereicht werden kann.

Für den Teig:
150 g Weizenmehl Type 405
1/4 TL Salz, 1 kleines Ei, 1 1/2 EL Öl
Für die Füllung:
500 g Weißkohl
80 g durchwachsener, roh geräucherter Speck
100 g Zwiebeln
1 Knoblauchzehe
50 g Butter, 1/4 l Fleischbrühe
1/4 l trockener Weißwein
1 TL Salz, frisch gemahlener Pfeffer
1 EL gehackte Petersilie

Frisch aus dem Ofen schmeckt der herzhafte Krautstrudel, der durch Räucherspeck und Zwiebeln noch zusätzliches Aroma erhält, am besten. Und dazu? Ein Glas Grüner Veltliner.

Weißkraut läßt sich sehr vielseitig verwenden, roh als Salat, milchsauer vergoren oder auch geschmort. Für den Strudel wird es in sehr feine Streifen geschnitten, damit das Verhältnis von Auflage und Teig stimmt.

Außerdem:
Öl für den Teig und das Blech, Mehl
1 Eigelb, mit etwas Wasser verquirlt

1. Das Mehl auf eine Arbeitsfläche sieben, in die Mitte eine Mulde drücken. Salz, Ei, Öl und 50 ml Wasser hineingeben und von der Mitte her mit dem Mehl vermischen, bei Bedarf noch etwas Wasser zugießen, und aus den Zutaten einen glatten, geschmeidigen Teig kneten. Zur Kugel formen, die Oberfläche mit Öl bestreichen und den Teig zugedeckt 1 Stunde ruhen lassen.

2. Den Weißkohl halbieren, vom Strunk befreien und in dünne Streifen schneiden oder hobeln. Den Speck in kleine

Würfel schneiden. Die Zwiebeln schälen und fein hacken. Die Knoblauchzehe ebenfalls schälen.

3. Den Speck auslassen, das Fett abgießen und die Butter zufügen. Die Zwiebeln darin angehen lassen, den Knoblauch durch die Presse dazudrücken, beides glasig schwitzen. Das Weißkraut zufügen, mit Fleischbrühe und Weißwein ablöschen. Salzen, pfeffern und die Petersilie einstreuen. Den Deckel auflegen und das Kraut etwa 20 Minuten garen, eventuell die überschüssige Flüssigkeit einkochen lassen.

4. Den Strudelteig auf einer bemehlten Arbeitsfläche sehr dünn ausrollen. Über beiden Handrücken vorsichtig so dünn wie möglich ausziehen. Den Strudelteig auf einem bemehlten, großen Tuch ausbreiten und der Länge nach so mit der Füllung belegen, daß die Teigfläche zu 3/4 bedeckt ist und entlang der Längsseite ein breiter Streifen frei bleibt. Das Tuch von der belegten Längsseite her hochheben und dabei den Strudel aufrollen. Den freien Rand mit verquirltem Eigelb bestreichen und gut festdrücken.

5. Den Krautstrudel auf ein leicht geöltes Blech legen und bei 200 °C im vorgeheizten Ofen etwa 40 Minuten backen.

Speckkuchen mit Zwiebeln

DAS HERZHAFTE GEBÄCK IST AM BESTEN, WENN ES DIREKT AUS DEM OFEN AUF DEN TISCH KOMMT.

Solche pikanten Kuchen backt man in vielen Regionen Deutschlands – vor allem gern in Weinanbaugebieten, schmecken sie doch unübertroffen zu jungem Wein oder zum »Federweißen« – doch ist das Rezept von Gegend zu Gegend unterschiedlich. So nimmt man mancherorts dunklen Brotteig als »Unterlage«, oder Speck und Zwiebeln werden gemeinsam angeschwitzt, bevor sie auf den Teig kommen. Manchmal wird auf Kümmel oder Knoblauch verzichtet, und häufig übergießt man das Ganze noch mit einer Royale (einem Guß aus Eiern und süßer oder saurer Sahne). Die hier vorgestellte Variante ist eine eher einfache, doch kommen dabei die Aromen der einzelnen Zutaten besonders gut zur Geltung.

Den Speckkuchen kann man statt auf dem Backblech selbstverständlich auch in runden Formen backen. Das Rezept reicht für 3 Tortenböden- oder Pieformen von etwa 30 cm Durchmesser.

500 g Weizenmehl Type 405, 30 g frische Hefe
1/4 l lauwarmes Wasser, 1 TL Salz
frisch gemahlener Pfeffer, 1 Ei
Für den Belag:
150 g Zwiebeln
3 Knoblauchzehen
200 g roh geräucherter, durchwachsener Speck
Kümmel, grob gestoßener schwarzer Pfeffer
grobes Salz nach Bedarf
Außerdem:
1 Backblech von 35 x 43 cm

1. Das Mehl in eine Schüssel sieben und in die Mitte eine Mulde drücken. Die Hefe hineinbröckeln, mit dem Wasser auflösen und dabei etwas Mehl vom Rand mit untermischen. Den Ansatz mit Mehl bestauben. Die Schüssel mit einem sauberen Tuch abdecken und den Teig an einem warmen, zugfreien Ort gehen lassen, bis die Oberfläche Risse zeigt.

2. Salz, Pfeffer und das Ei zum Vorteig geben und alles zu einem glatten Teig verkneten. Zu einer Kugel formen und den Teig erneut gehen lassen, bis er das Doppelte seines Volumens erreicht hat.

3. Für den Belag die Zwiebeln schälen und in dünne Ringe schneiden. Den Knoblauch schälen und in feine Scheiben schneiden. Den Speck in dünne Scheiben schneiden.

4. Den Teig durchkneten und auf einer bemehlten Arbeitsfläche in der Größe des Backblechs ausrollen. Auf das Backblech legen und mehrmals mit einer Gabel einstechen. Die Zwiebel- und Knoblauchscheiben auf dem Teig verteilen. Mit Kümmel und Pfeffer bestreuen. Die Speckstreifen darauf anordnen und je nach Salzgehalt des Specks leicht salzen. Den Kuchen bei 200 °C im vorgeheizten Ofen 20 bis 25 Minuten backen.

Ganze Äcker mit leuchtend gelben Sonnenblumen bieten in vielen Gegenden Deutschlands im Sommer ein bezauberndes Bild. Aus den Kernen gewinnt man nicht nur Öl – sie sind eine ebenso gesunde wie leckere Knabberei und werden wegen ihres nussigen Aromas auch von Profi- wie Hobbybäckern geschätzt.

Vollkornbrot

ANGEREICHERT MIT WEIZENKÖRNERN, SESAM, LEINSAMEN UND SONNENBLUMENKERNEN.

Für die schöne Farbe der Krume dieses Sauerteigbrotes sorgt nicht allein das dunkle Mehl, sondern auch ein Eßlöffel Zuckerrübensirup, der in Norddeutschland auch »Rübenkraut« genannt wird. Der Sirup schmeckt übrigens nicht nur in, sondern auch auf dem Brot. Damit dieses beim Backen schön aufgeht, sollte man für »Beschwadung« sorgen, indem man kochendes Wasser direkt auf den Boden des Ofens gießt, eine Tasse Wasser während der ganzen Backzeit in den Ofen stellt oder nur zu Beginn des Backvorgangs die Seitenwände mit Wasser besprüht. Es mag etwas befremdlich klingen, aber am einfachsten geht das mit einem Blumen- oder Wäschebefeuchter.

Nussig und mit »Biß« – dieses Brot überzeugt sicher nicht nur Anhänger der Vollwertküche. Wer mag, bestreut es vor dem Backen zusätzlich mit denselben Samen, die auch im Teig verbacken werden.

Für den Sauerteigansatz:
250 g Roggenschrot, 100 g Weizenvollkornmehl
80 g Sauerteig (2 bis 3 EL)
300 ml warmes Wasser
Für das Vollkornbrot:
50 g Weizenkörner
500 g Roggenmehl Type 997
175 g Weizenmehl Type 550
25 g Sesamsamen, 25 g Leinsamen
25 g geschälte Sonnenblumenkerne
1 bis 2 EL Salz
1 EL Zuckerrübensirup
650 g Sauerteig
500 ml lauwarmes Wasser
Außerdem:
Klarsichtfolie
1 Kastenform von 35 cm Länge
Fett und Mehl für die Form

1. Für den Sauerteigansatz alle Zutaten miteinander verrühren. Ein Stück Klarsichtfolie direkt auf den Ansatz

legen, mit einem Tuch bedecken und 15 bis 17 Stunden an einem warmen, zugfreien Ort gehen lassen. Vom Ansatz 2 bis 3 EL (80 g) Sauerteig für die Zubereitung des nächsten Brotes abnehmen. Er hält sich 1 bis 2 Wochen im Kühlschrank oder tiefgekühlt bis zu 3 Monaten.

2. Für das Brot die Weizenkörner waschen und in einem Topf mit Wasser bedecken. Zum Kochen bringen und etwa 1/2 Stunde bei reduzierter Hitze quellen lassen, bis die Körner weich sind. Gut abtropfen und abkühlen lassen. Die beiden Mehlsorten, die Weizenkörner, die Sesamsamen, den Leinsamen, die Sonnenblumenkerne und das Salz in einer entsprechend großen Schüssel miteinander vermischen. Den Zuckerrübensirup, den Sauerteig sowie nach und nach das Wasser mit einem Rührlöffel einarbeiten, bis ein klebriger Teig entsteht. Ein Stück Klarsichtfolie auflegen und die Schüssel mit einem Tuch abdecken. Den Teig an einem warmen Ort etwa 30 Minuten gehen lassen.

3. Den Teig auf einer bemehlten Arbeitsfläche erneut durchkneten, dabei so viel Roggenmehl einarbeiten, das er sich formen läßt. Einen länglichen Laib in der Länge der Kastenform herstellen. Die Kastenform ausfetten und mit Mehl ausstauben. Den Laib einlegen, mit einem Tuch abdecken und 2 bis 2 1/2 Stunden ruhen lassen.

4. Das Vollkornbrot bei 200 °C im vorgeheizten Ofen 60 bis 70 Minuten backen, dabei auf eine der oben beschriebenen Arten für eine Erhöhung der Luftfeuchtigkeit sorgen.

Pikante Hefeschnecken

ZUM EINEN DEFTIG GEFÜLLT MIT SPECK UND ZWIEBELN, ZUM ANDEREN MIT WÜRSTCHEN UND EMMENTALER KÄSE.

Zwiebelschnecken
Für den Teig:
500 g Weizenmehl Type 405, 30 g frische Hefe
1/4 l lauwarme Milch, 50 g Butter, 1 TL Salz, 1 Ei
Für die Füllung:
250 g durchwachsener Räucherspeck, gewürfelt
100 g gehackte Zwiebeln, 1 gehackte Knoblauchzehe
2 EL gehackte Kräuter (Petersilie und Schnittlauch)
Außerdem:
Butter für die Form, 1 Eigelb zum Bestreichen

1. Aus den angegebenen Zutaten einen Hefeteig zubereiten und bis zum Doppelten seines Volumens gehen lassen. Inzwischen den Speck für die Füllung auslassen, Zwiebel- und Knoblauch darin etwa 5 Minuten anschwitzen. Die Kräuter unterrühren. Abkühlen lassen.

2. Den Teig zu einer 50 x 40 cm großen Platte ausrollen und einige Minuten ruhen lassen. Längs durchschneiden, so daß 2 Platten à 50 x 20 cm entstehen. Die Zwiebelmischung darauf verteilen. Jeden Teigstreifen von der Längsseite her aufrollen und in etwa 4 cm dicke Scheiben schneiden. Diese mit der Schnittfläche nach oben in die gebutterte Form stellen. Die Schnecken 15 bis 20 Minuten gehen lassen, sie sollen stark an Volumen zunehmen. Mit verquirltem Eigelb bestreichen. Bei 200 °C im vorgeheizten Ofen 25 bis 30 Minuten backen.

Schnecken mit Würstchen-Käse-Füllung
Für den Teig:
500 g Weizenmehl Type 405, 30 g frische Hefe
1/4 l lauwarme Milch, 60 g Butter, 20 g Zucker
2 Eier, 1 TL Salz
abgeriebene Schale von 1/2 unbehandelten Zitrone
Für die Füllung:
100 g Emmentaler, 6 Frankfurter Würstchen
Außerdem:
1 Springform von 30 cm Durchmesser
Butter und Semmelbrösel für die Form

1. Teigzutaten zu einem glatten Teig verkneten. Zur Kugel formen und zugedeckt 70 bis 90 Minuten bei Zimmertemperatur gehen lassen.

2. Den Käse für die Füllung fein reiben. Die Form ausfetten und mit Semmelbröseln ausstreuen. Den Teig zu einer 50 x 30 cm großen Platte von 1/2 cm Stärke ausrollen, mit Käse bestreuen und längs halbieren. Auf jede Teighälfte 3 Würstchen in einer Reihe der Länge nach auflegen. Die Teigstreifen mit den Würstchen aufrollen und die Rollen in 5 cm lange Stücke schneiden. Diese jeweils im Abstand von 1 cm aufrecht in die Form stellen. Zugedeckt 20 Minuten gehen lassen.

3. Die Schnecken bei 200 °C im vorgeheizten Ofen 20 Minuten backen. Mit doppelter Alufolie abdecken und weitere 10 Minuten backen. Aus dem Ofen nehmen, etwas abkühlen lassen und noch warm servieren.

MONTANA
INOX
MADE IN ITALY

Mit Schinken in Brotteig kann man auf raffinierte Weise eine Vielzahl von Gästen bewirten. Dazu passen frische Salate aller Art.

Roggenmischbrot

WER MAG, VERWENDET DEN GLEICHEN TEIG ALS RUSTIKALEN »MANTEL« FÜR EINEN SCHINKEN.

Wer häufiger Roggenbrot bäckt, sollte jeweils vom Sauerteigansatz 3 EL (80 g) abnehmen – und als »Starter« für den nächsten Laib zurückbehalten. Im Kühlschrank aufbewahrt, hält er 1 bis 2 Wochen, tiefgekühlt sogar 3 Monate. Wer ihn nicht selbst ansetzen möchte, kann gebrauchsfertigen Sauerteig beim Bäcker, im Reformhaus oder in gutsortierten Supermärkten kaufen.

Für den Sauerteigansatz:
400 g Roggenmehl Type 997 oder 1150
80 g Sauerteig, 400 ml warmes Wasser
Für den Brotteig:
400 g Roggenmehl Type 997 oder 1150
300 g Weizenmehl Type 550, 3 TL Salz
800 g Sauerteig, 20 g frische Hefe
gut 300 ml lauwarmes Wasser
Außerdem:
Klarsichtfolie
1 Brotformkörbchen von 24 cm Durchmesser

Für den Sauerteigansatz alle Zutaten miteinander verrühren. Ein Stück Folie auflegen, mit einem Tuch abdecken und 15 bis 17 Stunden – am

Die Hefe unter Rühren mit etwas Wasser in der Mehlmulde auflösen.

Den Sauerteig und das restliche Wasser unter Rühren einarbeiten.

Unter kräftigem Rühren immer mehr Mehl vom Rand mit unterarbeiten.

Einen runden Laib formen und in ein bemehltes Brotformkörbchen legen.

Den Brotlaib im Körbchen etwa 1 Stunde gehen lassen, dabei zudecken.

Den Teig aus dem Körbchen auf ein mit Mehl bestaubtes Blech stürzen.

besten über Nacht – an einem warmen Ort stehen lassen. Für den Brotteig beide Mehlsorten in einer Schüssel vermischen und in die Mitte eine Mulde drücken. Das Salz auf den Rand streuen. Weiterverfahren, wie in den ersten 3 Bildern der Folge gezeigt. Den schweren, etwas klebrigen Teig mit einem Teigschaber vom Rand der Schüssel lösen und in deren Mitte aufwölben. Mit Mehl bestauben, mit Folie abdecken, ein Tuch auflegen und den Teig etwa 30 Minuten gehen lassen. Durchkneten, dabei so viel Mehl einarbeiten, daß er sich von der Arbeitsfläche löst. Weiterverfahren, wie auf den letzten 3 Bildern gezeigt. Das geformte Brot mit einem Holzstäbchen mehrmals bis zum Boden einstechen. Zunächst bei 220 °C im vorgeheizten Ofen 10 Minuten backen. Zur Erhöhung der Luftfeuchtigkeit zu Beginn der Backzeit etwas kochendes Wasser auf den Boden des Ofens gießen oder die Seitenwände mit Wasser besprühen. Danach die Temperatur auf 200 °C reduzieren und das Brot weitere 60 Minuten backen.

Für den Schinken in Brotteig:
1 Rezept Roggenmischbrot wie links angegeben
Für die Füllung:
1,5 kg gekochter Schinken von der Schweinenuß
je 1 EL Majoran, Thymian, Zitronenmelisse
je 1 TL Estragonblättchen und Schnittlauchröllchen

Den Teig wie im Rezept links zubereiten und, statt ihn im Brotformkörbchen gehen zu lassen, in der doppelten Größe des Schinkens ausrollen, Die Kräuter hacken und darüberstreuen. Den Schinken auf den Teig legen und damit einhüllen. Die Ränder mit kaltem Wasser bestreichen und zusammendrücken. Aus Teigresten Ornamente formen und die Oberfläche damit verzieren. Den Teig mehrmals einstechen, auf ein gefettetes Backblech setzen und zugedeckt 15 bis 20 Minuten gehen lassen. Bei 200 °C im vorgeheizten Ofen 60 bis 75 Minuten backen. Das heiße Brot mit Wasser bestreichen und im Ofen trocknen lassen, so erhält es einen matten Glanz.

Ein mit etwas Mehl ausgestaubtes Brotkörbchen ist für die schöne Oberfläche des Laibes verantwortlich. Man kann das Brot aber auch von Hand formen und vor dem Backen mit Wasser bestreichen, anstatt es mit Mehl zu bestauben.

Leinsamenbrot

KERNIG UND DOCH MILD IM GESCHMACK, DAZU NOCH GESUND – MIT SAUERTEIG UND EINEM »BRÜHSTÜCK« GEBACKEN.

Brühstück oder Brühsauer nennt man einen Vorteig, der aus mit heißem Wasser übergossenem Schrot – hier aus Roggen – hergestellt wird. Durch diese Prozedur können die groben Bestandteile schon einmal vorquellen, und das damit zubereitete Brot erhält eine leicht süßliche Note. Die läßt sich etwa mit dem Geschmack von Pumpernickel vergleichen, der ebenfalls traditionell mit einem Brühstück gebacken wird. Manche Schrotbrote werden allein mit einem Brühstück und ganz ohne Sauerteig hergestellt, wie es beispielsweise in Ostfriesland üblich ist.

Für 2 Brote
Für das Brühstück:
200 g Roggenschrot
60 g geschroteter Leinsamen
1/4 l heißes Wasser
Für den Sauerteigansatz:
250 g Roggenschrot, 1/4 l warmes Wasser
75 g Sauerteig
Für den Brotteig:
150 g Roggenmehl Type 1150
400 g Weizenvollkornmehl, 3 TL Salz
40 g frische Hefe
200 ml lauwarmes Wasser
500 g Sauerteig, 510 g Brühstück
Außerdem:
Klarsichtfolie, Mehl für das Backblech
Leinsamen zum Bestreuen

1. Für das Brühstück Roggenschrot und Leinsamen mit dem Wasser übergießen und alles gut miteinander verrühren. Mit einer Folie abdecken und 15 Stunden quellen lassen.

2. Parallel dazu für den Sauerteigansatz alle Zutaten miteinander verrühren. Ein Stück Klarsichtfolie auflegen, mit einem Tuch bedecken und 15 bis 17 Stunden an einem warmen Ort stehen lassen. Vom Ansatz 2 bis 3 Eßlöffel (75 g) Sauerteig für die Zubereitung des nächsten Brotes abnehmen. Er hält sich 1 bis 2 Wochen im Kühlschrank, läßt sich aber auch für etwa 3 Monate einfrieren.

3. Für den Brotteig die beiden Mehlsorten in einer großen Schüssel mischen und in die Mitte eine Mulde drücken. Das Salz auf dem Rand verteilen. Die Hefe in die Mulde hineinbröckeln und mit etwas Wasser auflösen. Nach und nach das restliche Wasser, den Sauerteigansatz und das Brühstück unterarbeiten. Der Teig darf noch klebrig sein. Den Teig mit einem Teigschaber vom Rand der Schüssel schaben und in der Mitte der Schüssel aufwölben. Mit etwas Mehl bestauben. Ein Stück Klarsichtfolie auflegen, mit einem Tuch bedecken und den Teig 30 Minuten gehen lassen.

4. Den Teig auf einer bemehlten Arbeitsfläche erneut durchkneten und soviel Mehl unterarbeiten, daß sich der Teig von der Arbeitsfläche löst. 2 runde Brote formen und auf ein bemehltes Backblech legen. Die Brote mit einem Holzstäbchen mehrmals bis zum Boden einstechen und etwa 1 Stunde gehen lassen, bis sich das Volumen deutlich vergrößert hat.

5. Die gut gegangenen Brote mit Wasser bestreichen und mit Leinsamen bestreuen. Die Brote bei 200 °C im vorgeheizten Ofen 45 bis 55 Minuten backen. Zur Erhöhung der Luftfeuchtigkeit zu Beginn der Backzeit etwas kochendes Wasser auf den Boden des Ofens gießen oder die Seitenwände mit etwas Wasser besprühen. Die Brote sind fertig, wenn man auf die Unterseite klopft und es sich dann hohl anhört.

Als Tarteletts gebacken: So sind die Schinkentörtchen gleich in Portionsgröße zubereitet. Ideal, um sie als feine Vorspeise zu reichen.

Schinkentorte und -törtchen

TOMATEN, FRÜHLINGSZWIEBELN UND MÖHREN ERGÄNZEN DEN BELAG.

Teig und Belag reichen für eine Tarteform von 36 cm Durchmesser oder für 4 Tartelettförmchen von 12 cm. Ob man nun eine große oder mehrere kleine Kuchen zubereiten möchte, bleibt ganz dem eigenen Geschmack überlassen – und dem Anlaß, zu dem man sie servieren möchte. Wie auch immer man sich entscheidet: Für beides sollte der Boden auf jeden Fall zuerst blindgebacken werden, also nur mit einer Auflage aus Pergamentpapier und getrockneten Hülsenfrüchten, die danach wieder entfernt werden. Diese Prozedur bewirkt, daß der Teigrand beim Backen nicht in sich zusammenrutscht, der Boden flach bleibt und der Teig später nicht durchweicht.

Portionsstücke ganz nach Appetit kann man von der großen Schinkentorte schneiden. Ein Glas gut temperierter, trockener Weißwein empfiehlt sich als Getränk dazu.

Den Teig in die Form legen und den Teigrand andrücken. Den überstehenden Teig abschneiden.

Den Teig sorgfältig mit Backpapier bedecken und die Form mit Hülsenfrüchten auffüllen.

Nach dem Backen die Hülsenfrüchte und das Papier vorsichtig wieder entfernen.

Für den Teig:
200 g Weizenmehl Type 405
100 g Butter, 1 Eigelb, 1/2 TL Salz
Für die Füllung:
200 g gekochter Schinken
150 g Tomaten
50 g Frühlingszwiebeln
50 g Möhre, 50 g Butter
2 EL gehackte Kräuter (Petersilie, Schnittlauch)
Salz, frisch gemahlener Pfeffer
Für den Guß:
2 Eier, 1/4 l Sahne
Salz, frisch gemahlener Pfeffer
100 g Emmentaler oder anderer Hartkäse
Außerdem:
Backpapier und Hülsenfrüchte zum Blindbacken

Für den Teig das Mehl auf eine Arbeitsfläche sieben und in die Mitte eine Mulde drücken. Die Butter in Stücken, das Eigelb, 2 EL kaltes Wasser und das Salz hineingeben und alles schnell zu

einem glatten Teig verkneten. Den Teig zur Kugel formen, in Folie wickeln und 1 Stunde im Kühlschrank ruhen lassen. Den Teig auf einer bemehlten Arbeitsfläche etwa 4 mm dick ausrollen, in die Form oder in die Förmchen legen und zum Blindbacken vorbereiten, wie auf den ersten beiden Bildern der Folge gezeigt. Die große Torte bei 200 °C im vorgeheizten Ofen 15 bis 20 Minuten, die Törtchen 10 Minuten blindbacken. Aus dem Ofen nehmen, auskühlen lassen und weiterverfahren, wie auf dem letzten Bild zu sehen. Für die Füllung den Schinken in feine Streifen schneiden. Die Tomaten blanchieren, häuten, vierteln, Stielansätze und Samen entfernen und das Fruchtfleisch in kleine Würfel schneiden. Die Frühlingszwiebeln putzen und fein hacken. Die Möhre schälen und fein würfeln. Die Butter in einer Pfanne zerlassen und die Schinkenstreifen darin anbraten. Die Frühlingszwiebeln und die Möhrenwürfel kurz mitbraten. Die Tomatenwürfel, die Petersilie und den Schnittlauch untermischen, mit Salz und Pfeffer würzen und alles 1 bis 2 Minuten braten. Die Pfanne vom Herd nehmen und den Inhalt abkühlen lassen. Die Füllung in der vorbereiteten Form oder in den Förmchen verteilen. Für den Guß die Eier mit der Sahne, Salz und Pfeffer verquirlen. Den Käse reiben und untermischen. Den Guß gleichmäßig über die Füllung gießen. Die Schinkentorte bei 200 °C im vorgeheizten Ofen 35 bis 40 Minuten, die Törtchen nur 20 bis 25 Minuten backen. Herausnehmen und noch warm servieren.

Brot mit roten Zwiebeln

SOWIE LAUCHBROT MIT SPECK UND SCHMAND: BEIDE WERDEN MIT DEM GLEICHEN TEIG GEBACKEN.

Das hier angegebene Teigrezept reicht für beide Beläge zugleich. Möchte man nur eine Brotsorte zubereiten, halbiert man die Zutatenmengen und nimmt statt eines ganzen Eis nur ein Eigelb.

Für den Teig:
1 kg Weizenmehl Type 405, 42 g frische Hefe
etwa 1/2 l lauwarmes Wasser, 1 TL Zucker
1 1/2 TL Salz, frisch gemahlener Pfeffer
1 Ei, 1 EL weiches Schweineschmalz, 3 EL Olivenöl
Für das Brot mit roten Zwiebeln:
150 g rote Zwiebeln
1 Eiweiß, mit etwas Wasser verrührt
grobes Meersalz, grob gemahlener schwarzer Pfeffer
Für das Lauchbrot mit Schmand:
150 g roh geräucherter, durchwachsener Speck
350 g Lauch (nur der helle Teil)
2 EL Pflanzenöl
grobes Meersalz, grob gemahlener schwarzer Pfeffer
1/4 l Schmand (saure Sahne)
Außerdem:
Öl für die Backbleche

1. Das Mehl in eine Schüssel sieben, in die Mitte eine Mulde drücken. Die Hefe hineinbröckeln und mit ein wenig Wasser auflösen. Mit dem restlichen Wasser, dem Zucker, Salz, etwas Pfeffer, Ei, Schmalz und Olivenöl zu einem glatten Teig verarbeiten. Zugedeckt gehen lassen, bis er sein Volumen verdoppelt hat.

2. Den Teig erneut durchkneten, halbieren und auf einer bemehlten Arbeitsfläche in der Größe der Backbleche ausrollen. Die Backbleche leicht einfetten und die Teigplatten auflegen.

3. Für das Brot mit roten Zwiebeln diese schälen und in dünne Scheiben schneiden. Die Teigplatte mit etwas verquirltem Eiweiß bestreichen und die Zwiebelscheiben nebeneinander darauf legen. Mit dem restlichen Eiweiß bestreichen und mit Salz und Pfeffer bestreuen. Zugedeckt 15 Minuten gehen lassen. Das Brot bei 200 °C im vorgeheizten Ofen 20 Minuten backen.

4. Für das Lauchbrot den Speck klein würfeln. Den Lauch putzen, waschen, abtropfen lassen und schräg in etwa 3 mm dicke Scheiben schneiden. Das Öl in einer Pfanne erhitzen, den Speck darin kurz anbraten. Den Lauch 2 bis 3 Minuten mitschwitzen, abkühlen lassen. Die Teigplatte mit einer Gabel mehrmals einstechen. Lauch und Speck gleichmäßig darauf verteilen, mit Salz und Pfeffer würzen. Zugedeckt 15 Minuten gehen lassen. Bei 200 °C im vorgeheizten Ofen 10 Minuten backen. Den Schmand in Klecksen darauf setzen und das Brot in weiteren 10 Minuten fertigbacken.

Das Lauchbrot mit Speck und Schmand – in manchen Regionen auch »Schmant« geschrieben – ist ein wenig aufwendiger in der Zubereitung als das Brot mit roten Zwiebeln, dafür aber umso gehaltvoller.

Knabbergebäck aus Käseblätterteig

KNUSPRIGE STANGEN UND SCHLEIFEN: GERADE EBEN ABGEKÜHLT SIND SIE AM BESTEN.

Blätterteig wird in guter Qualität fertig angeboten. Wer das Käsegebäck mit selbstgemachtem Teig ausprobieren will, dem sei das nebenstehende Rezept empfohlen. Da sich der Blitzblätterteig aber nicht gut in kleinen Mengen herstellen läßt, bäckt man das Käseknabbergebäck am besten gleich für eine größere, gemütliche Runde.

Blitzblätterteig
250 g Mehl, 200 g Butter, knapp 1/2 TL Salz (3 g)

Das Mehl auf eine Arbeitsfläche sieben und eine Mulde in die Mitte drücken. Die in Stücke geschnittene Butter auf den Rand legen und das Salz darüberstreuen. 110 ml Wasser vorsichtig in die

Käseschleifen herstellen:

Die dritte Teigplatte ebenfalls dick mit Eigelb bestreichen, auflegen. Fest andrücken, damit die Schichten sich gut miteinander verbinden.

Die Platten auf 11 x 22 cm ausrollen. Mit einem wirklich sehr scharfen Messer in Streifen von 1 cm Breite schneiden. Der Teig darf nicht gedrückt werden.

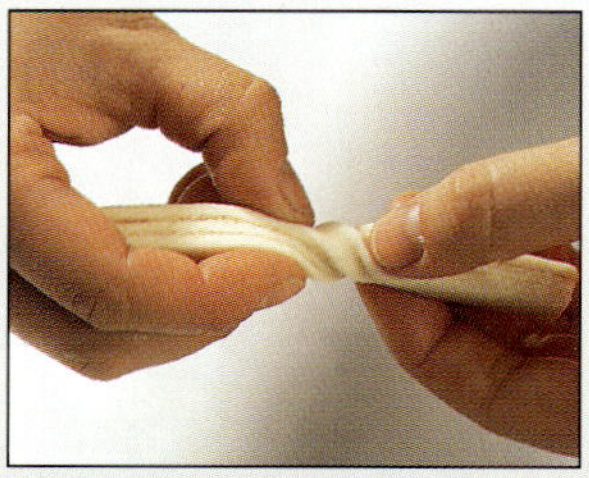

Jeden Teigstreifen mit beiden Händen in der Mitte fassen (vorsichtig, so daß der Teig nicht gedrückt wird) und einmal um sich selbst drehen.

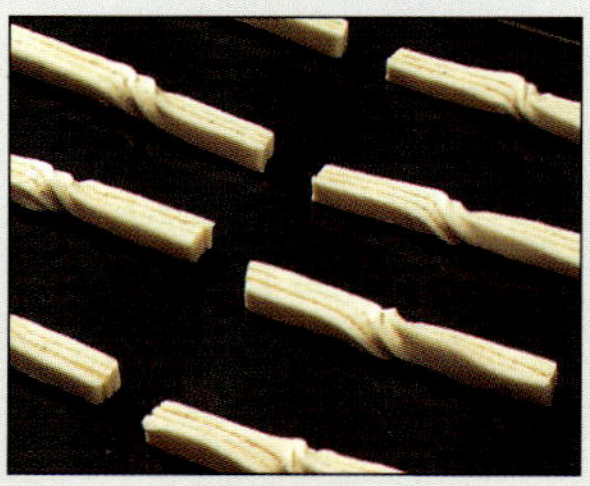

Die Schleifen mit einer Schnittkante nach unten auf ungefettete Backbleche legen, dabei genügend Zwischenraum lassen, damit sie aufgehen können.

Käsestangen herstellen:

Den Teig auf 30 x 30 cm ausrollen. Mit Eigelb bestreichen. Eine Hälfte mit Käse bestreuen, pfeffern. Die andere Hälfte darüber schlagen.

Mit dem Nudelholz darüber rollen, um alles gut miteinander zu verbinden. Mit einem Teigrädchen entlang eines Lineals in 1 cm breite Streifen schneiden.

Die Teigstreifen vorsichtig (der Teig soll nicht gedrückt werden) mehrmals in sich drehen. Auf ein mit Wasser benetztes Backblech legen.

Die Käsestangen gleichmäßig mit dem restlichen Eigelb bestreichen und nach Belieben mit Kümmel bestreuen.

Mulde gießen. Wasser und Mehl mit der Hand verrühren, bis ein zäher Teig entstanden ist. Die Butter schnell unterkneten, aber nicht vollständig einarbeiten. Den Teig zu einem Rechteck ausrollen. Zu zwei Dritteln übereinanderschlagen und das letzte Drittel darüberklappen, so daß drei Teigschichten übereinander liegen. Den Teig wieder ausrollen, von beiden Seiten bis zur Mitte einschlagen und in der Mitte zusammenklappen – diesmal liegen vier Teigschichten übereinander. Die beiden Prozeduren in dieser Reihenfolge noch einmal wiederholen; danach kann der Teig weiter verarbeitet werden wie unten beschrieben.

Käseschleifen
40 g Extrahartkäse (Parmesan, Sbrinz, alter Gouda)
600 g Blätterteig, 2 Eigelbe, verquirlt
Salz, frisch gemahlener Pfeffer

Den Käse fein reiben. Den Blätterteig halbieren. Eine der Hälften zu einer 30 x 20 cm großen Platte ausrollen, diese dann quer in 3 Teile von je 10 x 20 cm schneiden. Einen der Teile dick mit Eigelb bestreichen, mit Käse bestreuen, salzen – dabei den Salzgehalt des Käses berücksichtigen – und pfeffern. Die zweite Teigplatte paßgenau auflegen und den Vorgang wiederholen. Weiterverfahren, wie in der Bildfolge ganz links gezeigt. Die zweite Teighälfte genauso verarbeiten. Die Schleifen bei 200 °C im vorgeheizten Ofen 10 bis 12 Minuten backen.

Käsestangen
200 g Hartkäse, 600 g Blätterteig
4 Eigelbe, mit etwas Wasser verquirlt
frisch gemahlener Pfeffer, Kümmel

Den Käse (Emmentaler oder ein gut gereifter Bergkäse) reiben. Den Teig halbieren und aus jeder Hälfte Käsestangen herstellen, wie in der rechten Bildfolge gezeigt. Bei 220 °C im vorgeheizten Ofen etwa 10 Minuten goldbraun backen.

Die Käsestangen kann man nach Wunsch statt mit Kümmel auch mit Mohn oder geschältem Sesam bestreuen. Wie auch immer, zu einem guten Wein mundet das knusprige Gebäck so oder so.

Beste bayerische Tradition: Kein Fest ohne die großen, mit grobem Salz bestreuten Brezen. Sie werden direkt vom Stand verkauft. Und das Bier? Das darf natürlich auch nicht fehlen.

Bierstangen und Laugenbrezen

DER CLOU ZU EINEM GLAS BIER BEI FRÖHLICHEN FESTEN: SELBSTGEMACHTE, ZÜNFTIGE KNABBEREIEN.

Wer beim Bäcker Brezenlauge bekommen kann, sollte diese kaufen und dann 1:10 verdünnen, also 100 ml Lauge auf 1 l Wasser. Ansonsten rechnet man 100 g Natron auf 1 l Wasser.

Bierstangen
Für 20 Stück
320 g Weizenmehl Type 405, 20 g frische Hefe
1/8 l lauwarme Milch, 120 g weiche Butter
1/2 TL Salz, frisch gemahlener Pfeffer
frisch geriebene Muskatnuß
Außerdem:
1 Eigelb, mit etwas Milch verquirlt
grobes Salz, Kümmel

1. Mehl sieben, in die Mitte eine Mulde drücken. Hefe hineinbröckeln, mit Milch auflösen. Bestauben und zugedeckt 15 Minuten gehen lassen.

2. Die Butter in Stücken und die Gewürze zum Vorteig geben und alles zu einem glatten Teig verkneten. Teig zugedeckt 25 bis 30 Minuten bis zum Doppelten seines Volumens gehen lassen.

3. Durchkneten und in 20 Stücke von je 30 g teilen, zu runden Kugeln formen und diese zu dünnen Stangen von etwa 30 cm Länge rollen. Auf ein Backblech legen und nochmals etwas gehen lassen. Mit dem verquirlten Eigelb bestreichen und mit Salz und Kümmel bestreuen.

4. Bei 220 °C im vorgeheizten Ofen etwa 10 Minuten nach Sicht backen.

Laugenbrezen
Für 12 Stück
500 g Weizenmehl Type 550, 1 EL Salz
42 g frische Hefe, 1 TL Zucker
300 ml lauwarmes Wasser
100 g Natron, 2 bis 3 EL grobes Salz
Außerdem:
Mehl zum Formen, Backpapier für das Blech

1. Das Mehl sieben und das Salz darüberstreuen. Die Hefe mit dem Zucker in 100 ml Wasser auflösen und zum Mehl geben. Nach und nach das restliche Wasser nach Bedarf zugießen und alles zu einem festen, elastischen Teig verkneten. Mit Mehl bestauben und 1 Stunde gehen lassen.

2. Den Teig gut durchkneten, auf einer bemehlten Arbeitsfläche zu einer 30 cm langen Rolle formen. In 12 Stücke teilen und jedes erneut zu einer 30 cm langen Rolle formen – sie sollte in der Mitte dicker als an den Enden sein. Die Stränge dann zu Brezen schlingen und zugedeckt 15 Minuten gehen lassen.

3. Das Natron oder die Brezenlauge vom Bäcker mit Wasser im Verhältnis 1:10 mischen und aufkochen. Jeweils 2 bis 3 Brezen darin 30 Sekunden ziehen lassen. Herausheben und abtropfen lassen. Auf ein mit Backpapier ausgelegtes Blech legen und mit Salz bestreuen.

4. Die Brezen bei 220 °C im vorgeheizten Ofen 20 bis 25 Minuten backen, bis sie schön goldbraun sind.

Bei den dünnen Bierstangen unbedingt ab dem zweiten Drittel der Backzeit nachsehen, ob sie schon fertig sind, da sie nicht zu braun werden dürfen.

Tartelettes suisses und Käsewähe

WENN ES UM KÄSE GEHT, IST NIEMAND SO ERFINDUNGSREICH WIE DIE SCHWEIZER.

Vor allem die Regionen mit ausgeprägter Milchwirtschaft kennen viele, unterschiedliche Rezepte für salzige Kuchen oder Küchlein mit Käse. Allen voran die Innerschweiz, die für ihre Wähen berühmt ist. Teige dafür gibt's in der Schweiz fertig zu kaufen, doch ist der Aufwand für einen Wähenteig – hier einer mit Hefe – nicht allzu groß, so daß man ihn leicht selbst zubereiten kann.

Tartelettes suisses
250 g Weizenmehl Type 405, 125 g Butter, 1 Ei
1 bis 2 EL lauwarmes Wasser, 1/4 TL Salz
Für die Füllung:
10 ml Sahne, 10 ml Milch, 3 Eier
200 g frisch geriebener Greyerzer
100 g frisch geriebener Emmentaler
Salz, Pfeffer, frisch geriebene Muskatnuß
Außerdem:
15 Tartelettförmchen von 8 cm Durchmesser

»Tartelettes suisses«, noch warm aus dem Ofen, sind ein hervorragender Partysnack, schmecken natürlich aber auch zu anderen Anlässen. Im Gegensatz zur Käsewähe werden sie nicht mit Hefe-, sondern mit Mürbteig zubereitet.

Zum Füllen stellt man die Tarteletts am besten gleich auf ein Blech, dann braucht man sie nicht einzeln in den Ofen zu schieben. Die Käsemasse wird nur bis knapp unter den Rand der Förmchen eingefüllt, da sie beim Backen aufgeht.

1. Das Mehl auf eine Arbeitsfläche sieben, in die Mitte eine Mulde drücken. Die Butter, das Ei, das Wasser sowie das Salz hineingeben und alles schnell zu einem glatten Teig verarbeiten. Zu einer Kugel formen, den Teig in Folie wickeln und 1 bis 2 Stunden im Kühlschrank ruhen lassen.

2. Für die Füllung Sahne, Milch und Eier mit einem Schneebesen glattrühren. Den Käse untermischen. Mit Salz, Pfeffer und Muskatnuß würzen.

3. Den Teig auf einer leicht bemehlten Arbeitsfläche dünn ausrollen und die Förmchen damit auslegen. Am Rand leicht andrücken, die überstehenden Ränder abschneiden. Die Käsemasse einfüllen, wie in dem Bild links gezeigt, und die Tarteletts bei 220 °C im vorgeheizten Ofen etwa 25 Minuten backen.

Käsewähe
400 g Weizenmehl Type 405, 20 g frische Hefe
1/4 l lauwarmes Wasser, 1/2 TL Salz, 75 g Butter
Für den Belag:
80 g Zwiebeln, geschält und fein gehackt, 1 EL Butter
300 g frisch geriebener Käse (Emmentaler, Greyerzer)
3 Eier, verquirlt, 150 ml Sahne
1 TL Salz, frisch gemahlener Pfeffer
Außerdem:
1 runde, flache Form von 25 cm Durchmesser

1. Aus den Zutaten einen Hefeteig zubereiten, diesen auf das Doppelte seines Volumens gehen lassen. 1 cm dick ausrollen, in die gebutterte Form legen und nochmals 30 Minuten gehen lassen.

2. In der Zwischenzeit die Zwiebeln in zerlassener Butter glasig schwitzen. Mit dem Käse, den Eiern, Sahne, Salz und Pfeffer vermischen. Die Masse auf dem Teig verstreichen und die Käsewähe bei 220 °C im vorgeheizten Ofen etwa 30 Minuten backen.

Käsekuchen

MIT VIEL ZWIEBELN UND EIERN – EIN WAHRHAFT WÄHRSCHAFTES ESSEN.

Ähnlich der »Bölledünne«, der weithin berühmten Schaffhauser Zwiebelwähe, wird auch die hier vorgestellte Wähe mit geriebenem Teig zubereitet; allerdings ergänzt hier einmal Käse statt Speck die Zwiebeln. Für solche pikanten Kuchen mit Käse – früher ja einmal ein Hauptnahrungsmittel in der Schweiz – kennt jeder Kanton seine eigene Zubereitung. Die Walliser Variante etwa vereinigt im Belag alle drei: Zwiebeln, Speck und Käse. Eine weitere Alternative zu der unten vorgestellten Rezeptur wäre, die Zwiebeln ganz wegzulassen und den Belag nur aus Käse (300 g), Sahne und Milch – je zur Hälfte – sowie 2 Eiern zuzubereiten. Geeignet sind dafür die würzigeren Sorten wie Sbrinz, Greyerzer oder auch Emmentaler; verbreitet ist eine Mischung von letzteren beiden.

Eine üppige Angelegenheit ist dieser Schweizer Käsekuchen schon, doch zu einem Glas Rotwein, etwa einem »Merlot« oder »Pinot noir«, paßt er ganz ausgezeichnet.

In einer sanften Hügellandschaft weiden diese Kühe in der Nordschweiz. Sie liefern die Milch für jenen Käse, für den die Schweiz so berühmt ist.

Für den Teig:
250 g Weizenmehl Type 405
80 g kalte Butter, 1/2 EL Essig, 1/2 EL Salz
Für den Belag:
400 g Zwiebeln, 30 g Butter
2 EL Mehl, 3 Eier
300 ml Milch, 100 ml Sahne oder Joghurt
200 g frisch geriebener Käse
Außerdem:
1 Pieform von 28 Durchmesser
Backpapier und Hülsenfrüchte zum Blindbacken

1. Das Mehl in eine Schüssel sieben und in die Mitte eine Mulde drücken. Die Butter in kleinen Stückchen hineingeben. Mit kalten Händen beides miteinander zu Krümeln reiben.

2. Essig und Salz in 80 ml Wasser verrühren und die Mischung in die Schüssel geben. Alle Zutaten schnell miteinander zu einem glatten Teig verkneten, bei Bedarf noch etwas Mehl unterkneten. Den Teig zu einer Kugel formen, in Folie wickeln und mindestens 15 Minuten kalt stellen.

3. Den Teig kurz durchkneten und auf einer bemehlten Arbeitsfläche etwas größer als die Form ausrollen. Den Teig in die Form legen, den Teigrand an die Form drücken und die überstehenden Ränder abschneiden. Den Boden mit einer Gabel mehrmals einstechen. Zum Blindbacken den Boden mit Backpapier belegen und die Hülsenfrüchte einfüllen. Den Teig bei 200 °C im vorgeheizten Ofen 15 bis 20 Minuten backen. Aus dem Ofen nehmen, leicht abkühlen lassen. Hülsenfrüchte und Backpapier entfernen.

4. Für den Belag die Zwiebeln schälen und ganz fein hacken. Die Butter in einer Pfanne zerlassen und die Zwiebelwürfel darin hell anschwitzen. Das Mehl, die Eier, die Milch und die Sahne beziehungsweise den Joghurt miteinander verrühren und die Zwiebeln untermischen.

5. Auf den leicht ausgekühlten Boden den Käse verteilen. Die Zwiebel-Mischung so darübergießen, daß kein Käse mehr sichtbar bleibt.

6. Den Käsekuchen bei 180 °C im vorgeheizten Ofen etwa 30 Minuten backen.

Der Brötchenteig läßt sich neben Zöpfen, Schnecken und Windrädern auch – wie man im Vordergrund sieht – zu dekorativen Knoten verschlingen.

Milch-Weggli

KUNSTVOLL GEFORMT, ZIEREN SIE DEN FRÜHSTÜCKS- ODER KAFFEETISCH.

In vielen Ländern Europas wie Deutschland, den Niederlanden und der Schweiz bereichern solche Milchbrötchen – vielfältig aus einem einfachen Hefeteig geformt – sonntägliche Tafeln. In den deutschsprachigen Kantonen der Schweiz beispielsweise werden sie »Weggli« genannt und sind dort vor allem in Zopfform sehr beliebt. Sollen diese »Züpfe« einmal besonders fein sein, fügen manche Schweizer dem nach angegebenem Rezept zubereiteten Vorteig neben den übrigen Zutaten noch 100 g Butter hinzu. Idealerweise kommen die duftenden Milchbrötchen auf den Tisch, sobald sie etwas abgekühlt sind.

Zu Zöpfen geflochten sehen nicht nur große Brote sehr attraktiv aus. Auch bei Portionsgrößen macht sich solch ein »Flechtwerk« sehr hübsch.

Brötchen in Form einer »Acht«: Beide Teigstrangenden kugelig verdicken und, wie gezeigt, umeinanderschlingen.

Schnecken und Windräder: Teigenden in entgegengesetzter Richtung einrollen und für Räder rechtwinklig übereinanderlegen.

Zopf mit einer Kugel: Ein Teigstrangende kugelig verdicken und den Strang vom andereren Ende her einflechten.

Für den Teig:
500 g Weizenmehl Type 405
30 g frische Hefe
1 Prise Zucker
1/4 l lauwarme Milch, 1 TL Salz
Außerdem:
Butter für das Backblech
1 Eigelb, verquirlt
Sesamsamen und Mohnsamen zum Bestreuen
grobes Salz zum Bestreuen

1. Das Weizenmehl in eine Schüssel sieben und in die Mitte eine Mulde drücken. Die Hefe hineinbröckeln, den Zucker einstreuen und beides mit der Milch auflösen, dabei etwas Mehl vom Rand mit untermischen. Den Ansatz mit ein wenig Mehl bestauben. Die Schüssel mit einem sauberen Tuch abdecken und den Teig an einem warmen, zugfreien Ort gehen lassen, bis die Oberfläche Risse zeigt.

2. Das Salz auf den Mehlrand streuen. Zunächst mit einem Rührlöffel den Vorteig mit dem Mehl verrühren und dann mit den Händen weiterarbeiten. Den Teig so lange kneten, bis er glatt und glänzend ist, Blasen wirft und sich gut von der Schüsselwand löst.

3. Die Schüssel erneut mit einem Tuch abdecken und den Teig gehen lassen, bis er das Doppelte seines Volumens erreicht hat; das dauert etwa 20 Minuten. Den Teig nochmals durchkneten und in 10 Stücke teilen.

4. Jedes Stück auf einer bemehlten Arbeitsfläche zu einer Kugel rollen und zu einem Strang von etwa 40 cm Länge sowie rund 2 cm Durchmesser formen, dabei je nach gewünschter Form eines oder beide Teigenden zu einer Kugel ausformen. Die Teigstränge nach Belieben in Form legen oder flechten, wie auf den Bildern links gezeigt.

5. Ein Backblech mit Butter fetten und die geflochtenen Teigstücke mit genügend Abstand zueinander auflegen. Die Weggli mit einem Tuch abdecken und 20 Minuten gehen lassen, bis sich ihr Volumen deutlich vergrößert hat. Die Oberflächen gleichmäßig mit Eigelb bestreichen und nach Belieben mit Sesam, Mohn oder Salz bestreuen. Die Brötchen bei 230 °C im vorgeheizten Ofen 20 bis 25 Minuten backen. Herausnehmen und vor dem Servieren leicht abkühlen lassen.

Weißbrot aus der Toskana

NORMALERWEISE KOMMT ES FAST OHNE SALZ IM TEIG AUS – SO IST ES ETWA FÜR DIE ZUBEREITUNG VON CROSTINI IDEAL.

Beliebte Beläge für Crostini sind beispielsweise Pasten mit Geflügelleber oder schwarzen Oliven. Oder auch eine Mischung aus Tomaten und Basilikum – die schmeckt an heißen Sommertagen besonders erfrischend. Wer das Brot übrigens lieber etwas salziger mag, kann die Salzmenge im Teig bis auf 1 EL erhöhen.

Für 2 Stück
Für den Ansatz:
250 g Weizenmehl Type 550, 120 g frische Hefe
150 ml lauwarmes Wasser
Für den Brotteig:
300 ml lauwarmes Wasser
600 g Weizenmehl Type 550, 1 Prise Salz
Für die Tomaten-Crostini:
500 g Tomaten, 2 Knoblauchzehen, 2 TL Kapern
Salz, frisch gemahlener schwarzer Pfeffer
1 Bund Basilikum, 2 bis 3 EL Olivenöl
Außerdem:
Mehl für das Blech

1. Das Mehl für den Ansatz in eine Schüssel sieben, in die Mitte eine Mulde drücken. Die Hefe im Wasser auflösen und in der Mulde mit soviel Mehl vom Rand vermischen, daß ein dicker Teig entsteht. Mit Mehl bestauben und zugedeckt 12 Stunden gehen lassen.

2. Für den Brotteig das Wasser unter den Ansatz rühren. 500 g Mehl darübersieben, salzen und mit einem Rührlöffel kräftig durchschlagen, bis sich der Teig vom Schüsselrand löst. Zugedeckt 30 Minuten auf das doppelte Volumen gehen lassen.

3. Das restliche Mehl auf eine Arbeitsfläche sieben und so viel davon unter den Teig kneten, daß dieser sich gut von der Arbeitsfläche löst. Den Teig halbieren und zwei runde Brote daraus formen. Die Laibe auf ein bemehltes Backblech setzen, mit Mehl bestauben und zugedeckt erneut 20 bis 25 Minuten gehen lassen, bis sich ihr Volumen sichtbar vergrößert hat.

4. Die Brote bei 200 °C im vorgeheizten Ofen etwa 40 Minuten backen. Zur Erhöhung der Luftfeuchtigkeit zu Beginn etwas kochendes Wasser auf den Boden des Ofens gießen oder die Seitenwände mit Wasser besprühen.

5. Für die Crostini die Tomaten blanchieren, häuten, Stielansätze sowie Samen entfernen und das Fruchtfleisch würfeln. Knoblauch schälen und mit den Kapern klein schneiden. Das Basilikum waschen. Einige Blätter zurückbehalten, den Rest in Streifen schneiden. Alles mit dem Öl mischen, salzen und pfeffern.

6. Das Brot in Scheiben schneiden und im Toaster oder bei 250 °C im Ofen in 4 Minuten goldbraun rösten. Mit den Tomaten belegen, mit Basilikumblättchen verzieren und servieren.

Nach dem toskanischen Brot benannte der Däne Erik Banti seinen ausgezeichneten Vino da Tavola aus der Maremma. Der »Ciabatta«-Wein, gekeltert aus der Sangiovese-Traube, überzeugt durch seine Opulenz und das intensive Aroma von Cassis und Brombeeren.

Ciabatta

EIN BROT AUS WEIZENMEHL, DEM OLIVENÖL IM TEIG DEN TYPISCHEN GESCHMACK GIBT.

Wie ein Spitzname klingt die Bezeichnung, die dieses Landbrot aus Italien trägt, heißt »ciabatta« zu deutsch doch Hausschuh oder Latschen. Sicherlich bezieht sich das jedoch auf nichts anderes als auf die längliche, manchmal auch breite Form der Laibe, die durchaus an weiche Pantoffeln erinnern können. Hierzulande ist dieses italienische Landbrot mittlerweile so in Mode gekommen, daß fast jeder Bäcker an der Ecke eine Art »Ciabatta« in Laibform oder als Brötchen in seinem Sortiment hat. Aber auch das Selberbacken lohnt sich, selbst wenn die Zubereitung zugegebenermaßen recht aufwendig ist: Etwa 7 Stunden muß der Teig gehen, bevor er in den Ofen geschoben werden kann. Doch nur, wer geduldig wartet, bis der Teig die richtige »Gare« erreicht hat – das heißt, gereift und schön aufgegangen ist – erhält dann auch ein knuspriges Brot mit lockerer, weicher Krume. Denn der Ciabatta-Teig ist so weich, daß diese Qualitäten mit kürzeren Gehzeiten nicht zu erreichen sind. Beim Backen sollte man außerdem für zusätzliche Feuchtigkeit sorgen: Durch den entstehenden Wasserdampf können die Brote noch besser aufgehen, und sie bekommen dadurch auch eine knusprigere Kruste.

Goldbraun gebacken liegen die frischen Ciabatta-Laibe auf dem Blech. Für die schöne Farbe ist das dunklere Weizenmehl, das hier verwendet wird, mitverantwortlich.

◀ **Ciabattini – aus demselben Teig –** schmecken ebenfalls ganz köstlich. Zubereitet werden sie genau wie die Ciabatta, nur daß man die Teigstränge jeweils in 4 Portionen teilt. Vor dem Backen läßt man auch sie nochmals etwa 1/2 Stunde gehen.

Für den Teig:
750 g Weizenmehl Type 550, 40 g frische Hefe
1/2 l lauwarmes Wasser, 2 TL Zucker
160 ml Olivenöl, 3 TL Salz

1. In eine Schüssel 500 g Mehl sieben, in die Mitte eine Mulde drücken. Die Hefe in dem Wasser mit 1 TL Zucker auflösen, in die Mulde gießen und mit etwas Mehl vom Rand verrühren. Den Ansatz mit Mehl bestauben und bei Zimmertemperatur zugedeckt 1 Stunde gehen lassen.

2. Das restliche Mehl, den restlichen Zucker, das Öl und das Salz mit dem Vorteig zu einem glatten Teig verkneten. Zur Kugel formen, in eine Schüssel legen und mit einem Tuch bedecken. Den Teig bei Zimmertemperatur etwa 3 Stunden gehen lassen. Zusammenschlagen und zugedeckt weitere 3 Stunden gehen lassen.

3. Den Teig auf einer stark bemehlten Arbeitsfläche etwas flachklopfen, in 3 gleiche Stücke teilen. Jeweils kurz durchkneten, 2 Minuten ruhen lassen und zu Rechtecken von etwa 20 x 30 cm auseinanderdrücken. Die schmalen Seiten 3 cm breit einschlagen und die Platten von der Längsseite her aufrollen. Auf einem bemehlten Blech nochmals 20 bis 30 Minuten gehen lassen.

4. Die Laibe bei 250 °C im vorgeheizten Ofen 25 bis 30 Minuten backen, dabei eine Tasse Wasser mit in den Ofen stellen.

Fenchelsamen paßt geschmacklich mit seinem anisartigen Aroma gut zu dunklen, schweren Broten aus Roggenmehl, wie es auch die Vintschger Fladen sind.

Fladenbrote aus Südtirol

KRÄFTIG GEWÜRZT MIT ANIS ODER KORIANDER, FENCHEL UND KÜMMEL.

In so manchen Südtiroler Bauernhöfen und Almhütten wird das traditionelle Fladenbrot bis auf den heutigen Tag noch selbst gebacken – früher überwiegend mit Sauerteig, doch mittlerweile oft auch ungesäuert und mit Hefe als Treibmittel.

Anisfladen
Für den Teig:
500 g Weizenmehl Type 550
20 g frische Hefe
1/4 l lauwarmes Wasser, 1 TL Salz
Außerdem:
1 Eigelb, gestoßene Anissamen
Fett und Mehl für das Blech

Vintschger, die oft paarweise als zusammenhängende Fladen gebacken werden, schmecken hervorragend zu deftigem Südtiroler Speck.

1. Das Mehl in eine Schüssel sieben, in die Mitte eine Mulde drücken. Die Hefe in dem Wasser auflösen, in die Mulde gießen und mit etwas Mehl vom Rand zu einem dickflüssigen Brei verrühren. Mit Mehl bestauben, zudecken und über Nacht an einem nicht zu warmen Ort gehen lassen.

Damit der Hefeteig für Anisfladen so locker und grobporig wird, wie er sein soll, muß er mehrere Stunden gehen – im Prinzip genauso wie der für Baguette oder Ciabatta.

2. Am nächsten Tag Salz und weitere 100 ml lauwarmes Wasser mit dem Ansatz zu einem glatten Teig verkneten. Mit Mehl bestauben und nochmals zugedeckt 2 Stunden gehen lassen.

3. Den Teig kurz durchkneten und halbieren. Daraus 2 Kugeln formen und auf einer bemehlten Arbeitsfläche zu Fladen von etwa 30 cm Durchmesser ausrollen. Erneut 20 bis 30 Minuten gehen lassen.

4. Die Fladen mit Eigelb bestreichen und mit Anis bestreuen. Auf ein gefettetes, leicht bemehltes Backblech legen und bei 200 °C im vorgeheizten Ofen etwa 20 Minuten backen.

Vintschger
Für den Teig:
500 g Roggenmehl Type 1150
250 g Sauerteig
1 1/2 TL Salz
etwa 350 ml lauwarmes Wasser
1/2 TL gestoßene Koriandersamen
1/2 TL gestoßene Fenchelsamen
1/2 TL gestoßene Kümmelsamen
Außerdem:
Fett und Mehl für das Blech

1. Das Mehl in eine Schüssel sieben und in die Mitte eine Mulde drücken. Den Sauerteig einrühren, salzen und nach und nach das Wasser und die Gewürze unterarbeiten, es soll ein mittelfester Teig entstehen. Mit Mehl bestauben und zugedeckt an einem warmen, zugfreien Ort etwa 2 Stunden gehen lassen.

2. Teig kurz durchkneten, auf einer bemehlten Arbeitsfläche zu 4 Kugeln formen. Zu Fladen von 18 bis 20 cm Durchmesser ausrollen. Mit Mehl bestauben und erneut 1 Stunde gehen lassen. Auf ein gefettetes, leicht gemehltes Backblech setzen. Die Fladen bei 200 °C im vorgeheizten Ofen 15 bis 20 Minuten backen.

Zur »cucina povera«, also zur »Küche der Bauern und Hirten«, zählt der belegte Teigfladen in Sizilien – kommt er doch ganz ohne teure Zutaten aus und ist dennoch ein komplettes, sättigendes und vor allem köstliches Essen.

Sfincione

DIE SIZILIANISCHE »SCHWESTER« DER NEAPOLITANISCHEN PIZZA.

Ob nun beide, Pizza und Sfincione – oder »sfinciuni«, wie es im Dialekt heißt – auf gemeinsame Wurzeln zurückgehen, oder ob sich einer der herzhaften Kuchen auf den anderen zurückführen läßt, wird sich wohl nie entscheiden lassen. Jedenfalls streiten die Sizilianer energisch ab, daß Sfincione und Pizza identisch seien. Darin mag man ihnen insofern zustimmen, als der Teig für die pikanten sizilianischen Fladen ganz anders sein muß als für eine Pizza: dick, weich und an der Unterseite sowie am Rand dennoch knusprig. Beim Belag ist, wie bei der Pizza auch, Improvisieren zulässig; so manche Sfincione wird schon mal mit Salamischeiben oder Hackfleisch-Tomaten-Sauce (»ragù«) belegt, oder zum Grundrezept kommen Sardellenfilets hinzu. Ein Muß ist allerdings der sizilianische Caciocavallo, ein Hartkäse, der in Herstellung und Textur dem bekannteren Provolone gleicht. Möchte man Sfincione nicht, wie im Rezept angegeben, als Fladen zubereiten, sondern am Stück backen, rollt man den Hefeteig in der Größe des Backblechs aus und legt ihn auf das geölte Blech. Den Teig dann mit einer Gabel mehrmals einstechen, damit er beim Backen keine Blasen wirft. Den Tomatenbelag, wie angegeben, darauf verteilen und eventuell frische, grob zerzupfte Pfefferminzblättchen sowie etwas Basilikum aufstreuen. Die doppelte Mengen an Oliven und 250 g Käse verwenden und die Sfincione auf dem Blech bei 220 °C im vorgeheizten Ofen 20 bis 25 Minuten backen.

Frisch vom Blech bieten die »sfincionari«, Sfincione-Bäcker und -Verkäufer, traditionell das herzhafte Gebäck an. Für ihre Kunden schneiden sie einfach ein Portionsstück ab.

Sfincione ganz klassisch mit Tomaten und Zwiebeln: Nicht so üppig belegt wie Pizza, nicht ganz so puristisch wie Focaccia, kann man sie, auch vom Teig her, als Kompromiß zwischen beiden bezeichnen.

Für 4 Fladen
Für den Teig:
500 g Weizenmehl Type 405
30 g frische Hefe
1/4 l lauwarme Milch
1 Ei, 1/2 TL Salz

Für den Belag:
1 kg Tomaten
3 Knoblauchzehen
150 g Zwiebeln
1 TL Salz, 4 EL Olivenöl
20 schwarze Oliven
200 g Caciocavallo
1 TL Oreganoblättchen
Außerdem:
Olivenöl für das Blech

1. Das Mehl in eine Schüssel sieben und in die Mitte eine Mulde drücken. Die Hefe in der Milch auflösen, in die Mulde gießen. Mit Ei und Salz zu einem lockeren Teig schlagen. Zur Kugel formen und zugedeckt etwa 40 Minuten gehen lassen.

2. Für den Belag die Tomaten blanchieren, häuten, Stielansatz und Samen entfernen. Das Fruchtfleisch in kleine Stücke schneiden. Knoblauch und Zwiebeln schälen, fein hacken und mit Tomaten, Salz und 2 EL Öl mischen.

3. Den Teig durchkneten und vierteln. 4 dicke Fladen mit breiten Rändern daraus formen. Zwei Backbleche mit Öl einfetten und die Fladen darauflegen. Die Tomatenmischung auf den Teigstücken verteilen. Die Oliven halbieren und entsteinen, den Käse in etwa 1 cm große Würfel schneiden. Oliven, Käse und Oregano auf die Tomaten streuen. Das restliche Öl darüberträufeln und die Fladen nacheinander bei 200 °C im vorgeheizten Ofen 25 bis 30 Minuten backen.

Für eine Pizza Capricciosa verwendet man denselben Teig wie für die Margherita, belegt diesen dann aber zusätzlich zu den Tomaten mit Schinken, Champignons, Sardellenfilets und Artischockenherzen. Und zuletzt kommen noch Mozzarella und Kräuter darauf.

Pizza Margherita

MIT IHREN EINFACHEN ZUTATEN IN DEN LANDESFARBEN IST DIESE PIZZA EINE ART GRUNDREZEPT.

Der Überlieferung nach wurde sie zu Ehren der Königin Margaret – der ersten Königin Italiens – kreiert. Und zwar, als sie am Hof von Capodimonte weilte und den Wunsch äußerte, einmal eine Pizza, die Spezialität Neapels, kosten zu wollen. Schnell wurde einer der berühmtesten Pizzabäcker seiner Zeit herbeigerufen, der daraufhin, ganz patriotisch, den pikant belegten Fladen in den Nationalfarben zubereitete.

Für 2 Stück
Für den Teig:
300 g Weizenmehl Type 405, 20 g frische Hefe
1/8 l lauwarmes Wasser, 1/2 TL Salz, 2 EL Olivenöl
Für den Belag:
1 große Dose enthäutete Tomaten (850 g)
2 Kugeln Mozzarella
Salz, frisch gemahlener Pfeffer
20 Basilikumblätter, 1/8 l Olivenöl
Außerdem:
Öl für die Backbleche

Für den Teig das Mehl in eine Schüssel sieben und in die Mitte eine Mulde drücken. Die Hefe hineinbröckeln, mit dem Wasser auflösen und dabei etwas Mehl vom Rand mit untermischen. Den Ansatz mit Mehl bestauben. Die Schüssel mit einem sauberen Tuch abdecken und den Teig an einem warmen, zugfreien Ort gehen lassen, bis die Oberfläche Risse zeigt. Das Salz und das Öl zum Vorteig geben und alles zu einem glatten Teig verkneten. Zu einer Kugel formen und den Teig erneut gehen lassen, bis er das Doppelte seines Volumens erreicht hat. Zwei Backbleche mit Öl fetten. Den Teig erneut durchkneten, halbieren und auf einer bemehlten Arbeitsfläche zu Kugeln formen. Diese zu runden, dünnen Teigplatten ausrollen und auf die Backbleche legen. Die Teigböden mehrmals mit einer Gabel einstechen und jede Pizza belegen, wie in den ersten drei Steps der nebenstehenden Bildfolge gezeigt. Mit dem Belag erneut 10 bis 15 Minuten gehenlassen, dann erst das Öl darüberträufeln, wie im 4. Bild unten gezeigt. Jede Pizza bei 220 °C im vorgeheizten Ofen 18 bis 22 Minuten backen.

Eine Pizza »Margherita« belegen:

Die Tomaten in einem Sieb abtropfen lassen, grob zerkleinern. Die Teigböden damit belegen, dabei einen Rand freilassen.

Den Mozzarella in Scheiben schneiden und diese gleichmäßig auf die Tomaten verteilen. Mit Salz und Pfeffer würzen.

Die Basilikumblätter darüberlegen; gehackt verteilen sie sich geschmacklich besser, doch die ganzen Blätter sind dekorativer.

Nach 10 bis 15 Minuten das Olivenöl mit einem Löffel oder, noch besser, der typischen italienischen Ölkanne darüberträufeln.

Nacheinander backen. Knuspriger Teig und saftig-weicher Belag, so muß die Pizza Margherita aus dem Ofen kommen.

Muschelpizza

ATTRAKTIV SERVIERT MIT EINIGEN MUSCHELN IN DER APARTEN, GRÜNRANDIGEN SCHALE.

Für den Pizzateig:
300 g Weizenmehl Type 405
20 g frische Hefe, 1/8 l lauwarmes Wasser
2 EL Olivenöl, 1/2 TL Salz
Für die Tomatensauce:
100 g Zwiebeln, 1 Knoblauchzehe
350 g Tomaten, 3 EL Olivenöl, 1 EL Tomatenmark
Salz, frisch gemahlener weißer Pfeffer
Für die Muscheln:
2 kg neuseeländische oder andere Miesmuscheln
100 g Zwiebeln, 50 g Möhre, 80 g Lauch
80 g Stangensellerie, 1 Knoblauchzehe
2 EL Olivenöl, 1 Lorbeerblatt, 2 Thymianzweige
3 Petersilienstengel, 1/4 l Weißwein
Außerdem:
250 g Tomaten, 100 g weiße Zwiebeln
2 Knoblauchzehen, Salz, frisch gemahlener Pfeffer
14 schwarze Oliven, 2 EL gehackte Kräuter
6 EL Olivenöl, 30 g frisch geriebener Pecorino sardo
1 Eigelb, mit etwas kaltem Wasser verquirlt

Für den Teig eine Mulde in das Mehl drücken, die Hefe hineinbröckeln, mit Wasser auflösen. Mit Mehl bestauben und gehen lassen, bis die Oberfläche Risse zeigt. Öl und Salz unterrühren, alles zu einem glatten Teig verkneten; bei Bedarf noch

Jeden Fladen gleichmäßig mit Sauce bestreichen, den Rand dabei freilassen. Mit Zwiebeln, Tomaten, Knoblauch und ausgelösten Muscheln belegen. Salzen, pfeffern und die Kräuter (Petersilie, Basilikum, Thymian, Salbei) sowie die Oliven darüber verteilen. Mit dem Olivenöl beträufeln und mit Pecorino bestreuen. Die Ränder mit Eigelb bestreichen.

etwas Wasser einarbeiten. Gehen lassen, bis der Teig sein Volumen verdoppelt hat. Für die Sauce Zwiebeln und Knoblauch schälen, fein hacken. Das Tomatenfruchtfleisch klein würfeln. Zwiebeln und Knoblauch im erhitzten Öl anschwitzen, Tomatenwürfel zufügen und 10 Minuten dünsten. Tomatenmark einrühren, salzen, pfeffern und weitere 5 Minuten dünsten. Abkühlen lassen. Die Muscheln für den Belag putzen; bereits geöffnete Muscheln wegwerfen. Gemüse schälen beziehungsweise putzen. Zwiebeln in Ringe, restliches Gemüse in 1/2 cm große Würfel schneiden. Öl erhitzen und das Gemüse darin anschwitzen. Muscheln, Lorbeer, Thymian und Petersilie einlegen, den Wein zugießen. Im geschlossenen Topf bei starker Hitze etwa 8 Minuten kochen, bis sich die Muscheln geöffnet haben. Noch geschlossene Exemplare aussortieren. Die Muscheln abgießen und bis auf 6 Stück auslösen. Die Tomaten für den Belag von den Stielansätzen befreien, in etwa 4 mm dicke Scheiben schneiden. Zwiebeln und Knoblauch schälen, Zwiebeln in dünne Ringe, Knoblauch in dünne Scheiben schneiden. Den Teig halbieren, zu 2 Fladen von 28 cm Durchmesser ausrollen. Die Ränder um 2 cm nach innen einschlagen, jeden Fladen umgedreht auf ein bemehltes Blech legen. Die Pizzen belegen, wie in der Bildfolge gezeigt.

Die Pizzen im vorgeheizten Ofen bei 190 °C 15 bis 16 Minuten backen.
2 Minuten vor Ende der Garzeit mit den Muscheln in der Schale garnieren und fertigbacken.

Statt mit Schinken und Zwiebeln kann man die Pizza auch mit Salami, schwarzen Oliven und Mozzarella zubereiten.

Pizza mit Artischocken

ÜPPIG IN JEDER BEZIEHUNG IST DIESE PIZZA-VARIANTE AUS DEM SÜDEN MIT IHREM DICKEN BELAG.

Für den Teig:
300 g Weizenmehl Type 405, 20 g frische Hefe
150 ml lauwarmes Wasser
2 EL Olivenöl, 1/2 TL Salz
Für die Tomatensauce:
60 g Zwiebel, 1 Knoblauchzehe
350 g Tomaten, 2 EL Olivenöl, 1 EL Tomatenmark
1/2 TL Salz, frisch gemahlener Pfeffer
Für den Belag:
3 Artischocken mit Stiel, je etwa 130 g
etwa 6 EL Zitronensaft, Salz
250 g Tomaten, 60 g Zwiebel
100 g Parmaschinken, 2 EL Olivenöl
1 EL gehackte Kräuter (Petersilie, Thymian, Basilikum)

1. Zunächst die Artischocken vorbereiten. Dafür den Stiel jeweils direkt unter dem Blütenansatz abschneiden und den Boden sofort mit Zitronensaft bestreichen. Die kleinen, harten Blätter rund um den Stielansatz abzupfen. Von den äußeren Blättern die stacheligen Spitzen mit der Küchenschere und die Spitze der Artischocke mit einem scharfen Messer gerade abschneiden. Die Artischocken sofort nach dem Putzen in eine Schüssel mit Wasser und 2 EL Zitronensaft legen, damit sie sich nicht verfärben. Salzwasser mit 2 EL Zitronensaft aufkochen und die Artischocken darin 15 Minuten kochen. Herausheben und kopfüber abtropfen lassen. Jede Artischocke längs in 6 Teile teilen. Eventuell vorhandenes Heu entfernen.

2. Das Mehl in eine Schüssel sieben, in die Mitte eine Mulde drücken. Die Hefe hineinbröckeln und mit dem Wasser auflösen, dabei etwas Mehl

Artischocken und Parmaschinken, in Kombination mit sonnengereiften Tomaten und würzigen Kräutern – wer möchte da nicht sofort zugreifen?

Solch bunt bemalte Eselskarren bereichern auch heute noch das Straßenbild in Sizilien. Mit ihnen bringen die Bauern ihre Ware zum Markt, wie hier die frisch geernteten Artischocken. Dargestellt sind meist Szenen aus dem Mittelalter.

vom Rand mit untermischen. Den Ansatz mit Mehl bestauben und zugedeckt an einem warmen Ort gehen lassen, bis die Oberfläche Risse zeigt. Öl und Salz zugeben und alles zu einem glatten Teig verarbeiten. Zudecken und zum doppelten Volumen aufgehen lassen.

3. Für die Sauce die Zwiebel und den Knoblauch schälen und fein hacken. Die Tomaten blanchieren, häuten, halbieren, Stielansatz und Samen entfernen und das Fruchtfleisch in kleine Würfel schneiden. Das Öl erhitzen, Zwiebel und Knoblauch darin anschwitzen. Die Tomaten kurz mitdünsten, Tomatenmark einrühren, salzen und pfeffern. Die Sauce bei reduzierter Hitze etwa 10 Minuten köcheln lassen, abkühlen lassen.

4. Für den Belag die Tomaten waschen, Stielansatz entfernen, Fruchtfleisch achteln. Zwiebel schälen und in Ringe schneiden. Schinken erst in Scheiben, dann in 2 cm breite Streifen schneiden.

5. Den Teig kurz durchkneten, halbieren und zu 2 Fladen von je 24 cm Durchmesser ausrollen. Mit bemehlten Händen einen Rand nach außen streichen. Die Böden auf ein Blech legen, mit einer Gabel einstechen, den Rand mit Mehl bestauben. Mit Tomatensauce bestreichen. Artischockenspalten, Tomatenstücke, Zwiebelringe und Schinkenstücke auflegen. Die Pizzen mit Olivenöl beträufeln und bei 220 °C im vorgeheizten Ofen etwa 20 Minuten backen. Herausnehmen und mit den Kräutern bestreuen. Heiß servieren.

Wirklich ganz dünn – so rollt Renzo Depellegrin hier »seinen« Piadinateig aus. In seinem Restaurant »Al palazzo Tesorieri« in Bagnocavallo werden die Fladenbrote ständig frisch gebacken.

Piadina

FLADENBROT AUS DER EMILIA-ROMAGNA, DAS AUF EINER HEISSEN TONPLATTE GEBACKEN WIRD.

»Piadina romagnola« oder kurz »Piada« wird als die Leibspeise der Bewohner der Adriaküste zwischen Ravenna und Cattolica angesehen – darf das dünne Fladenbrot dort doch bei nahezu keinem Essen fehlen. Verkauft wird es in besonderen »Piadinerie«, aber auch so mancher Stand oder Kiosk am Strand bietet auf der heißen Terrakottaplatte gebackene Piadine an. In fast jedem Ort scheint man ein eigenes Geheimrezept dafür zu haben, was durchaus wörtlich zu nehmen ist, da die Piadinabäcker ihre eigene Rezeptur streng für sich zu behalten pflegen. Der Kult um die Piadina geht so weit, daß man in Rimini eigens eine Schule, die »Scuola internazionale di piadina romagnola«, gegründet hat. Wie dem auch sei – das Grundrezept ist klar: Der Teig besteht aus nichts mehr als Mehl, Schweineschmalz, Wasser und Salz. In Ravenna jedoch reichert man ihn zuweilen mit Milch, Honig sowie Zitronenschale an und ersetzt das Schmalz durch Olivenöl. In den Dörfern um Rimini rührt man den Teig mit heißem Wasser, in der Umgebung von Cattolica dagegen mit kaltem Mineralwasser an; bei Coriano darf's gar trockener Weißwein sein, und in Cesena lockert man die Fladen mit Hefe – das hier vorgeschlagene Rezept schließt sich daran an. Piadina ißt man entweder einfach so, frisch von der Tonplatte, oder sie wird gefüllt. Und das manchmal sogar recht opulent. Dazu halbiert man die Fladen, belegt sie nach Wunsch und klappt die zweite Fladenhälfte darüber. In der Romagna gängige Füllungen bestehen aus Schinken, Salami, Tomaten und Mozzarella, blanchiertem Spinat, Käse, Rucola, Sardellen, Salsiccia und Peperoni: Man sieht, der Phantasie sind keine Grenzen gesetzt.

Zu Schinken, Oliven oder Frischkäse – hier der italienische »Squaquerone« – schmeckt eine frisch gebackene Piadina vorzüglich.

Die Fladen vorsichtig auf die heiße Tonplatte legen. Dabei darauf achten, daß keine Luftblasen entstehen.

Mit einer Gabel mehrmals dicht nebeneinander einstechen, damit Luft entweichen kann.

Die Fladen unter mehrmaligem Wenden in 8 bis 10 Minuten backen, bis sie schön gebräunt sind.

Für 5 Stück
500 g Weizenmehl Type 405
25 g frische Hefe
230 ml lauwarme Milch
50 g weiches Schweineschmalz
1 Ei
1/2 TL Salz
1 Prise Zucker

Das Mehl in eine Schüssel sieben und in die Mitte eine Mulde drücken. Die Hefe hineinbröckeln und mit der Milch auflösen, dabei etwas Mehl vom Rand mit untermischen. Den Ansatz mit Mehl bestauben. Die Schüssel mit einem sauberen Tuch abdecken und an einen warmen, zugfreien Ort stellen. Den Teig gehen lassen, bis die Oberfläche Risse zeigt. Das Schweineschmalz, das Ei, Salz und Zucker zum Vorteig geben und alle Zutaten zunächst mit einem Holzlöffel verrühren. Mit den Händen zu einem glatten Teig verkneten. Den Teig zu einer Kugel formen, in die Schüssel legen und zugedeckt nochmals gehen lassen. Den Teig erneut durchkneten und zu einer Rolle von 6 cm Stärke formen. Diese in 5 Stücke von je 160 g teilen. Die Teigstücke auf einer leicht bemehlten Arbeitsfläche zu Fladen von 25 cm Durchmesser ausrollen. Eine Tonplatte (spezielle Platten für Piadina, die allerdings hierzulande nur schwer aufzutreiben sein dürften, kann man sowohl auf Gasherden als auch auf Elektroplatten verwenden) ohne Fett erhitzen. Behelfen kann man sich aber auch mit einer schweren, gußeisernen, unbeschichteten Pfanne, die ebenfalls ohne Fett erhitzt wird. Die Fladen nacheinander backen, wie in der Bildfolge links erläutert. Die fertiggebackenen, heißen Fladen auskühlen lassen und nach Belieben weiterverarbeiten.

Fritierte Käsetaschen

EINMAL MIT SPECK, EINMAL MIT MOZZARELLA, DIE BASIS IST JEDOCH IN BEIDEN FÄLLEN RICOTTA.

Die Teigmenge ergibt insgesamt 48 Stück, also 24 runde und 24 halbmondförmige Taschen. Ein hervorragender Snack, doch werden sie bestimmt auch bei der nächsten Party gut ankommen.

Je 1 TL der Mozzarella-Füllung in die Mitte der 24 Teigkreise von je 8 cm Durchmesser plazieren.

Auf die Mozzarella-Füllung jeweils 1 kleines Basilikumblättchen legen und die Ränder mit Eigelb bestreichen.

Die Teigtaschen im 180 °C heißen Öl in 3 bis 4 Minuten unter Wenden ausbacken.

Für den Teig:
450 g Mehl, 30 g frische Hefe, 5 EL lauwarmes Wasser
1 EL Zucker, 3 Eier, 1 EL Salz, 50 g weiche Butter
Für die Mozzarella-Ricotta-Füllung:
125 g Mozzarella, 125 g Ricotta, 2 Eigelbe
1 EL gehacktes Basilikum, 30 g Weißbrotbrösel
Salz, frisch gemahlener Pfeffer, 24 Basilikumblättchen
Für die Speck-Ricotta-Füllung:
100 g durchwachsener Räucherspeck, 100 g Zwiebeln
1 EL Olivenöl, 1 EL gehackte Petersilie
150 g Ricotta, Salz, frisch gemahlener Pfeffer
Außerdem:
1 Eigelb, mit 2 EL Wasser verquirlt
Pflanzenöl zum Fritieren

Das Mehl in eine Schüssel sieben. Die Hefe in dem Wasser auflösen und zusammen mit Zucker, Eiern, Salz und Butter zum Mehl geben. Alles zu einem glatten, elastischen Teig verkneten. Zugedeckt an einem warmen Ort etwa 30 Minuten gehen lassen. Für die Mozzarella-Füllung den Mozzarella im Mixer pürieren. In einer Schüssel mit Ricotta, Eigelben, gehacktem Basilikum und Bröseln vermischen, salzen und pfeffern. Für die Speck-Füllung den Speck klein würfeln. Die Zwiebeln schälen und fein hacken. Das Öl erhitzen und die Zwiebeln darin hell anschwitzen. Den Speck 3 bis 4 Minuten mitbraten, die Petersilie unterrühren, abkühlen lassen. Ricotta untermischen, salzen und pfeffern. Den Teig halbieren. Beide Teighälften auf einer bemehlten Arbeitsfläche zu 2 mm dünnen Platten ausrollen. Aus der einen 24 Kreise von je 8 cm Durchmesser ausstechen. Mit Mozzarella-Füllung belegen, wie in den beiden ersten Bildern links gezeigt. Die mit Eigelb bestrichenen Kreise zusammenklappen. Mit einem kleineren, umgedrehten Ausstecher von 6 cm Durchmesser den Rand gut andrücken, noch 10 Minuten gehen lassen und ausbacken, wie im letzten Bild gezeigt. Aus der zweiten Platte 48 Kreise von je 6 cm Durchmesser ausstechen. Auf der Hälfte davon je 1 TL Speckfüllung verteilen, die Ränder mit Eigelb bestreichen, die übrigen Kreise daraufsetzen, die Ränder gut festdrücken. 10 Minuten gehen lassen. Ebenfalls im 180 °C heißen Öl in 3 bis 4 Minuten ausbacken.

Zucchinitorte

GEMÜSE UND WÜRZIGER KÄSE ÜBER EINER SCHICHT GEBACKENER CHAMPIGNONS.

Als Käse empfiehlt sich ein nicht zu reifer Hartkäse, etwa Montasio fresco oder junger Pecorino.

Für den geriebenen Teig:
200 g Mehl, 125 g Butter, 1 Prise Salz
Für den Belag:
800 g Zucchini, Salz, 350 g Champignons
25 g Butter, 70 g Zwiebel, geschält und fein gewürfelt
220 g Doppelrahmfrischkäse (70 % Fett i. Tr.)
220 ml Sahne, 2 Eigelbe, 1 Ei
frisch gemahlener Pfeffer
1 EL gehackte Kräuter (Salbei und Thymian)
50 g mittelscharfer Senf, 250 g frisch geriebener Käse
Außerdem:
2 kleine Zucchini mit Blüte
1 Pie-Form von 30 cm Durchmesser
Backpapier und Hülsenfrüchte zum Blindbacken

1. Für den Teig das Mehl auf eine Arbeitsplatte sieben, die Butter in kleinen Stücken zufügen und beides mit den Händen mischen, bis sich alles grob miteinander verbindet und eine krümelige, ungleichmäßige Masse entsteht.

Den richtigen Schmelz bekommt die Zucchinitorte durch eine Creme aus Doppelrahm-Frischkäse, etwa Robiola oder Osella, Ei und Kräutern. Sie verbindet die verschiedenen Zutaten aufs Allerbeste.

Optimal als Garnitur geeignet für die Zucchini-Käse-Torte: Zwei kleine Zucchini samt Blüte, aus der zuvor jeweils vorsichtig der Blütenstempel entfernt wurde. Als Backzeit rechnet man bei 180 °C 40 bis 45 Minuten.

2. In die Masse eine Mulde drücken, das Salz und 60 ml kaltes Wasser zuschütten. Zunächst die Flüssigkeit unter einen Teil des Mehl-Butter-Gemischs arbeiten, dann von außen nach innen den Teig zusammendrücken, rasch zu einem Kloß formen und kräftig kneten, so daß sich alle Zutaten gut verbinden. In Folie gewickelt 1 Stunde im Kühlschrank ruhen lassen.

3. Den Teig auf einer bemehlten Arbeitsfläche 5 mm stark ausrollen. In die Form legen. Mit einer Teigkugel den Rand andrücken, die überstehenden Ränder mit einem Messer abschneiden. Den Boden mehrmals mit einer Gabel einstechen. Das Backpapier sowie die Hülsenfrüchte einlegen und den Boden bei 220 °C im vorgeheizten Ofen 10 Minuten blindbacken.

4. Die geputzten Zucchini grob raspeln, salzen und 10 Minuten ziehen lassen. Die Pilze putzen, in dickere Scheiben schneiden. 20 g Butter zerlassen und die Champignons darin 2 bis 3 Minuten unter Wenden anbraten. In einer separaten Pfanne die restliche Butter zerlassen und die Zwiebel darin anschwitzen. Zucchini in einem Sieb kräftig ausdrücken und mit der Zwiebel vermischen.

5. Frischkäse, Sahne, Eigelbe und Ei mit dem Schneebesen glattrühren und mit Salz, Pfeffer sowie den Kräutern würzen. Den Boden gleichmäßig mit Senf bestreichen, die Pilze darauf auslegen und mit der Hälfte des Käses bestreuen. Darauf die Zucchini-Zwiebel-Masse verteilen und mit der Frischkäsemasse bedecken. Mit dem restlichen Käse bestreuen und garnieren.

Würziges Tomatenbrot

ZWIEBELN UND THYMIAN GEBEN ZUSÄTZLICH GESCHMACK.

Für die eingelegten Tomaten:
120 g sonnengetrocknete Tomaten
2 Chilischoten
2 Knoblauchzehen
2 Thymianzweige, 6 bis 8 Basilikumblätter
etwa 200 ml Olivenöl
Für den Brotteig:
675 g Weizenmehl Type 405
35 g frische Hefe, 1/4 l lauwarme Milch
125 g getrocknete Tomaten in Öl (siehe oben)
75 ml natives Olivenöl extra
1 Ei, 8 g Salz, 25 g Zucker
100 g Zwiebeln, 1 EL Olivenöl
1 TL gehackte Thymianblättchen
Außerdem:
Mehl zum Bestauben
grob geschroteter weißer Pfeffer, grobes Salz

1. Zunächst die Tomaten einlegen. Dazu die getrockneten Tomaten in ein entsprechend großes Glas schichten. Die Chilischoten halbieren, Stielansätze, Samen und Scheidewände entfernen. Die Knoblauchzehen schälen und halbieren. Chilischoten, Knoblauch, Thymian und Basilikum auf die Tomaten legen. Mit Olivenöl begießen, bis die Zutaten vollständig bedeckt sind. Zudecken und 3 Tage im Kühlschrank durchziehen lassen.

2. Für das Brot das Mehl in eine Schüssel sieben und eine Mulde in die Mitte drücken. Die Hefe hineinbröckeln, mit der lauwarmen Milch auflösen, etwas Mehl vom Rand untermischen. Den Ansatz mit Mehl bestauben, die Schüssel mit einem Tuch abdecken. An einen warmen, vor Zug geschützten Ort stellen und den Vorteig gehen lassen, bis die Oberfläche Risse zeigt; das dauert etwa 20 Minuten.

Das Aroma des Thymians entwickelt sich auch bei hohen Temperaturen – er ist also ideal zum Mitbacken.

3. Die eingelegten Tomaten aus dem gewürzten Öl nehmen und abtropfen lassen. 75 ml des Öls abmessen, mit dem Olivenöl und dem Ei verrühren. Mit dem Salz und dem Zucker unter den Vorteig mischen. Alles gut miteinander verkneten, bis der Teig glatt und glänzend ist. Zu einer Kugel formen, in eine Schüssel legen, mit einem Tuch abdecken und etwa 40 Minuten gehen lassen, bis der Teig das Doppelte an Volumen erreicht hat.

4. Die Tomaten sehr klein würfeln. Die Zwiebeln schälen und fein hacken. In 1 EL Olivenöl glasig schwitzen, abkühlen lassen. Tomaten, Zwiebeln und Thymian unter den Teig kneten, diesen zugedeckt noch einmal 30 Minuten gehen lassen.

5. Aus dem Teig zwei Laibe von etwa 750 g formen, diese auf ein mit Mehl bestaubtes Blech legen und zugedeckt nochmals etwa 40 Minuten gehen lassen. Die Tomatenbrote mit etwas Wasser bestreichen, mit Pfeffer und Salz bestreuen. Die Brote im vorgeheizten Ofen bei 200 °C 35 bis 40 Minuten backen. Nach 20 bis 25 Minuten mit Backpapier abdecken, damit das Brot nicht zu dunkel wird. Die fertiggebackenen Brote auf einem Kuchengitter auskühlen lassen.

Für dieses Brot muß man die Tomaten natürlich nicht unbedingt selbst einlegen. Doch wer sich die Mühe macht, kann sicher sein, die entsprechend würzige Note zu erzielen, die zu diesem Rezept paßt.

Brot mit Ricotta und Mangold

EIGENTLICH EINE KUNSTVOLL GESCHICHTETE PIKANTE TORTE – MIT SAFTIGER VEGETARISCHER FÜLLUNG UND MEDITERRANER WÜRZE.

4 der markierten Teile von der Teigrolle abtrennen; das 5. Stück bleibt eine »doppelte Portion«. Alle Teigstücke zu Kugeln formen. Die 4 kleinen jeweils zu Fladen von 24 cm Durchmesser, die große Kugel zu einem Fladen von 35 cm Durchmesser ausrollen. Einen kleinen Fladen mit zerlassener Butter bestreichen und mit Parmesan bestreuen.

Ein wenig Arbeitsaufwand muß auf sich nehmen, wer dieses in Italien »Torta cappuccina« – Kapuzinertorte – genannte Meisterwerk backen möchte. Und genaues Arbeiten ist gefragt, denn die kleineren Teigfladen müssen gleich groß sein, damit die Ränder beim Aufeinanderschichten exakt abschließen. Aber die Mühe lohnt sich!

Einen weiteren kleinen Fladen mit dem Rollholz aufnehmen und paßgenau auf den vorbereiteten ersten Fladen legen.

Die Hälfte der Mangold-Ricotta-Füllung mit Hilfe einer Palette gleichmäßig auf dem zweiten Fladen verstreichen.

Den dritten Fladen auflegen, mit Butter bestreichen und mit Parmesan bestreuen. Mit dem vierten Fladen bedecken.

Den großen Fladen mit Butter bestreichen, dabei 3 cm Rand freilassen. Mit Parmesan bestreuen, den Fladenstapel aufsetzen.

Den Rand mit Eigelb bestreichen und leicht gefaltet nach innen einschlagen, so daß die Füllung völlig eingeschlossen ist.

Für 2 Brote von 25 cm Durchmesser
750 g Weizenmehl Type 405
75 ml Olivenöl
1/2 TL Salz, frisch gemahlener Pfeffer
Für die Füllung:
1 kg Mangold, Salz
80 g Zwiebeln, 25 g Butter
frisch gemahlener Pfeffer
1 EL gehackter Oregano
400 g Ricotta, 1 Ei
Außerdem:
80 g zerlassene Butter
100 g frisch geriebener Parmesan
1/2 Eigelb, mit Wasser verquirlt

Für den Teig das Mehl in eine Schüssel sieben. Öl, etwa 1/4 l Wasser, Salz und Pfeffer zufügen und alles zu einem glatten Teig verkneten. Zudecken und etwa 20 Minuten ruhen lassen. Für die Füllung den Mangold von den Stielen befreien. Die Blätter unter fließendem kaltem Wasser waschen und in etwa 1 cm breite Streifen schneiden, die Stiele anderweitig verwenden. In kochendem Salzwasser 2 bis 3 Minuten blanchieren. Mit einem Schaumlöffel herausheben, abtropfen und abkühlen lassen, gut ausdrücken. Die Zwiebeln schälen und fein hacken. Die Butter in einer Pfanne zerlassen und die Zwiebelwürfel darin hell anschwitzen. Die Mangoldstreifen 3 bis 4 Minuten mitschwitzen. Mit Salz, Pfeffer und Oregano würzen. Die Pfanne beiseite stellen und den Mangold abkühlen lassen. Den Ricotta in einer Schüssel mit dem Ei glattrühren, Mangold untermischen und die Füllung abschmecken. Den Teig nochmals kurz durchkneten, halbieren und die Hälften auf einer bemehlten Arbeitsfläche zu Rollen formen. Auf jeder Teigrolle 6 gleichgroße Stücke markieren. Weiterverfahren, wie in der Bildfolge links gezeigt. Ein Backblech mit etwas Öl fetten. Das gefüllte Brot mit den eingeschlagenen Teigrändern nach unten darauflegen. Die Oberfläche mit Butter bestreichen und mit einer Gabel einstechen. Das zweite Brot auf die gleiche Weise zubereiten. Beide Brote bei 200 °C im vorgeheizten Ofen 20 bis 25 Minuten backen.

Das Olivenöl, das in die Vertiefungen der Fladen gegossen wird, nimmt der Teig nicht vollständig auf. Aber gerade dadurch bleibt die Focaccia so schön saftig.

Focaccia mit Olivenöl

EINMAL EINFACH NUR MIT GROBEM SALZ BESTREUT, EINMAL MIT SCHWARZEN OLIVEN BELEGT.

Wer diese vor allem in Ligurien beliebte Spezialität nicht schon einmal so richtig frisch aus dem Ofen – außen knusprig und innen mit herrlich weicher Krume – genossen hat, wird vielleicht die Begeisterung nicht ganz nachvollziehen können, die das simple Fladenbrot auslösen kann. Jedoch gilt, wie meist bei solch einfachen Rezepten: Das Ergebnis steht und fällt mit der Qualität der Zutaten, in diesem Fall vor allem mit der des Olivenöls. Ganz hervorragend paßt zur Focaccia, wie könnte es anders sein, eines der milden und zugleich fruchtigen Öle Liguriens.

Für den Teig:
1 kg Weizenmehl Type 405
42 g frische Hefe, 1/2 l lauwarmes Wasser
4 EL Olivenöl, 2 TL Salz
Außerdem:
Öl und Mehl für die Backbleche
100 ml natives Olivenöl extra
etwa 50 kleine schwarze Oliven, grobes Meersalz

Noch ofenwarm sollte man die Focaccia reichen, etwa zum Aperitif. Wenn's rustikal zugeht, darf sich jeder sein Stück selbst abbrechen. Ansonsten schneidet man die Fladen zum Servieren in Stücke.

Schwarze Oliven sind bei dieser Focaccia der besondere Clou. Gut geeignet als Auflage sind vor allem die kleinen schwarzen Früchte, die zwar nicht viel Fruchtfleisch, dafür jedoch umso mehr Aroma mitbringen.

1. Das Mehl in eine Schüssel sieben, in die Mitte eine Mulde drücken. Die Hefe hineinbröckeln, mit dem Wasser auflösen und dabei etwas Mehl vom Rand mit untermischen. Den Ansatz mit Mehl bestauben. Die Schüssel mit einem Tuch abdecken. Den Teig an einem warmen, zugfreien Ort gehen lassen, bis die Oberfläche Risse zeigt.

2. Das Öl und das Salz mit dem Vorteig zu einem glatten Teig verkneten. Zu einer Kugel formen, in eine Schüssel legen und den Teig zugedeckt erneut gehen lassen, bis er das Doppelte seines Volumens erreicht hat.

3. Den Teig durchkneten und halbieren. Auf einer bemehlten Arbeitsfläche 2 rechteckige Fladen von etwa 30 x 40 cm ausrollen. Die Fladen auf gefettete, leicht bemehlte Backbleche legen und zugedeckt etwa 15 Minuten an einem warmen Ort gehen lassen.

4. In jeden Fladen mit Zeige- und Mittelfinger Vertiefungen in gleichmäßigem Abstand zueinander eindrücken. Pro Fladen insgesamt 50 ml Olivenöl in die Vertiefungen verteilen, wie auf dem Bild ganz oben links gezeigt. Eines der Fladenbrote zusätzlich mit grobem Salz bestreuen, bei dem anderen 1 Olive in jede Vertiefung legen.

5. Die Fladen bei 200 °C im vorgeheizten Ofen etwa 20 Minuten backen. Herausholen und auf einem Kuchengitter abkühlen lassen.

Sardinen werden von italienischen Fischern in großen Mengen gefangen. Das würzige und relativ fettreiche Fleisch der kleinen Fische eignet sich gut zum Grillen, aber auch zum Garen im Ofen oder zum Mitbacken.

Focaccia mit Sardinen

REICHLICH ZWIEBELN UND KNOBLAUCH VERVOLLSTÄNDIGEN DEN BELAG.

Wer mag, kann diese Focaccia auch in runder »Pizza-Form« backen: Einfach Pie-Formen mit dem Teig auslegen und den Belag darauf verteilen. Besonders attraktiv wird's, wenn man die Fische sternförmig auf dem Teig anordnet.

Für den Teig:
650 g Weizenmehl Type 550
42 g frische Hefe, 1 EL Zucker
400 ml lauwarmes Wasser
4 EL Olivenöl, 1 EL Salz
Für den Belag:
600 g Sardinen
150 g Zwiebeln, 3 Knoblauchzehen
grobes Meersalz, frisch gemahlener Pfeffer
1 EL gehackte Petersilie
2 EL Olivenöl
Außerdem:
Öl für die Bleche

Üppig mit Fisch belegt ist diese Focaccia. Das Besondere sind die Sardinen-Doppelfilets, die dadurch entstehen, daß die Filets am Rücken noch zusammenhängen. Sie kommen mit der Fleischseite nach unten auf den Teig, damit sie beim Backen nicht austrocknen.

1. Das Mehl in eine Schüssel sieben und in die Mitte eine Mulde drücken. Die Hefe hineinbröckeln, den Zucker zufügen und mit etwas Wasser auflösen, dabei etwas Mehl vom Rand mit untermischen. Den Ansatz mit Mehl bestauben und zugedeckt etwa 15 Minuten an einem warmen, zugfreien Ort gehen lassen, bis die Oberfläche Risse zeigt.

2. Das restliche Wasser, das Öl und das Salz zum Vorteig geben und alles zu einem geschmeidigen Teig verkneten. Sollte er kleben, noch ein wenig Mehl unterkneten. Den Teig zu einer Kugel formen, mit etwas Mehl bestauben und zugedeckt erneut 30 Minuten gehen lassen, bis er das Doppelte seines Volumens erreicht hat.

3. Für den Belag die Sardinen filetieren. Dazu alle Flossen sowie die Köpfe der Fische entfernen. Jede Sardine mit einem kleinen, scharfen Messer vorsichtig auf der Bauchseite aufschneiden. Jeweils das Rückgrat, die sogenannte Mittelgräte, rechts und links mit dem Daumen freilegen, ohne dabei die Filets zu verletzen, und die Gräte vorsichtig herausziehen. Die beiden zusammenhängenden Filets unter fließendem kaltem Wasser gründlich waschen und sorgfältig trockentupfen. Die Zwiebeln schälen, halbieren und in dünne Spalten schneiden. Die Knoblauchzehen schälen und fein hacken.

4. Den Teig durchkneten, halbieren und auf einer bemehlten Arbeitsfläche zu 2 Rechtecken von je 25 x 40 cm ausrollen. Die Teigplatten auf eingeölte Backbleche legen und mehrmals mit einer Gabel einstechen. Mit Sardinen, Zwiebeln und Knoblauch belegen. Salz, Pfeffer und Petersilie darüberstreuen und Olivenöl darüberträufeln. Die Focaccias weitere 30 Minuten gehen lassen und bei 200 °C im vorgeheizten Ofen 20 bis 25 Minuten backen.

Luftgetrockneter Schinken, hier ein prächtiger San Daniele, ist eine Delikatesse, die auch eine einfache Focaccia zum besonderen Leckerbissen machen kann.

Focaccia mit Pecorino und mit Schinken

NUR SCHEINBAR EINFACH – MIT ENTSPRECHENDEN ZUTATEN IST DIESES BROT ETWAS FÜR KENNER.

Welchen Schinken und welchen Pecorino man nun genau für dieses Rezept wählt, sollte ganz dem eigenen Geschmack und Geldbeutel überlassen bleiben. Was den Schinken angeht, so reicht hier die Palette vom »Prosciutto di Parma« über den milderen San Daniele bis hin zum Geheimtip Culatello, einer hierzulande noch wenig bekannten Spezialität aus der Gegend von Zibello in der Provinz Parma. Culatello ist ein Schinken der besonders edlen Art, für den nur das saftige Kernstück der Schweinekeule gut genug ist, das, sorgfältig gewürzt, etwa 9 Monate an der Luft reift, allerdings auch einen entsprechend hohen Preis hat. Noch größer ist die Auswahl an Pecorino-Sorten, dem Hartkäse aus Schafmilch, der in ganz Mittel- und Süditalien hergestellt wird – mit von Region zu Region unterschiedlichen Rezepturen. Am besten, man entscheidet sich für einen mittelalten, in Italien »semifresco« genannten Pecorino, dessen Teig noch nicht so krümelig ist wie bei lange gereiftem Käse, so daß er beim Backen sanft schmelzen kann.

Wer mag, bestreut die Focaccia während des Backens mit Käse- und Schinkenwürfeln. Die sorgen dann, wie beim Fladen im Hintergrund zu sehen, für eine attraktive Oberfläche. Im Teig versteckt, wie beim Fladen vorn, sind sie dagegen nicht so sehr der Ofenhitze ausgesetzt und bleiben saftiger.

Pecorino stellen sizilianische Bauern oft noch auf traditionelle Weise her. Hier wird die Schafmilch mit dem Lab in Kupferkesseln über einem Holzfeuer erwärmt, bis sie stockt.

Für den Teig:
550 g Weizenmehl Type 550
25 g frische Hefe
200 ml lauwarme Milch
100 g weiche Butter
2 kleine Eier, 1/2 TL Salz
Außerdem:
150 g mittelalter Pecorino
200 g luftgetrockneter italienischer Schinken
etwas Olivenöl und Mehl für das Blech

1. Das Mehl in eine Schüssel sieben und in die Mitte eine Mulde drücken. Die Hefe hineinbröckeln, mit etwas Milch auflösen und dabei etwas Mehl vom Rand her mit untermischen. Den Ansatz mit Mehl bestauben. Die Schüssel mit ei-

nem Tuch abdecken und den Teig an einem warmen, zugfreien Ort gehen lassen, bis die Oberfläche Risse zeigt, das dauert etwa 15 Minuten.

2. Die restliche Milch, die Butter, die Eier und das Salz zum Vorteig geben und alles zu einem glatten Teig verkneten. Den Teig zu einer Kugel formen, mit Mehl bestauben, in eine Schüssel legen und zugedeckt an einem nicht zu warmen Ort etwa 2 Stunden gehen lassen.

3. Den Käse und den Schinken in 5 mm große Würfel schneiden. Den Teig erneut durchkneten und dabei die Käse- und Schinkenwürfel mit einarbeiten; falls man die Oberfläche der Fladen später bestreuen möchte, einen Teil davon zurückbehalten. Den Teig halbieren und auf einer bemehlten Arbeitsfläche 2 rechteckige Fladen von etwa 20 x 30 cm Länge und 2 cm Dicke ausrollen. Die Fladen auf gefettete, leicht bemehlte Backbleche legen und zugedeckt etwa 30 Minuten gehen lassen, bis sich ihr Volumen deutlich vergrößert hat.

4. Die Fladen mit Olivenöl bestreichen und bei 200 °C im vorgeheizten Ofen 30 bis 35 Minuten backen. Wenn gewünscht, nach der Hälfte der Backzeit die restlichen Käse- und Schinkenwürfel über die Fladen streuen. Aus dem Ofen nehmen und auf einem Kuchengitter auskühlen lassen.

Laura Cordiale – Mozzarella-Käserin aus St. Agata bei Neapel – schlingt die Enden des Filata-Stranges zusammen. Ursprünglich aus Büffelmilch hergestellt, weicht man heute nicht selten auf Kuhmilch aus, da die Nachfrage das Angebot bei weitem übersteigt.

Calzone aus Kampanien

CREMIG GEFÜLLT MIT SALAMI UND VIEL KÄSE: PECORINO UND RICOTTA, VOR ALLEM ABER EIN MILDER BRÜHKÄSE DÜRFEN DABEI NICHT FEHLEN.

Kampanien hat in vieler Hinsicht kulinarische Berühmtheit erlangt, doch ohne die folgenden beiden Dinge wäre seine von Neapel geprägte Küche undenkbar: Die Rede ist hier einmal von einem der berühmtesten belegten Fladen der Welt, der Pizza; dann aber auch von einer ganz bestimmten Käsefamilie, den »formaggi a pasta filata«. Dabei handelt es sich um die sogenannten Brühkäse, zu denen neben dem mittlerweile auch bei uns bestens bekannten Mozzarella Provolone und Caciocavallo zählen. Beide Komponenten, Käse und Pizza, verbinden sich bei dem folgenden Rezept aufs beste, wird hier doch ein Fladen aus Brot- oder Hefeteig gefüllt und das – unter anderem – mit einem eben jener Brühkäse.

Für 2 kleine oder 1 große Calzone
Für den Teig:
400 g Weizenmehl Type 550 oder 405
1 TL Salz, 30 g frische Hefe
1/4 l lauwarmes Wasser, 4 EL Olivenöl
Für die Füllung:
100 g Mozzarella oder junger Provolone
200 g Ricotta, 50 g Pecorino
100 g italienische Salami
1 kleiner Thymianzweig
einige Rosmarinnadeln
1 Ei, 50 ml Sahne, 1 EL gehackte Petersilie
Salz, frisch gemahlener Pfeffer
Außerdem:
1 Eiweiß sowie 1 Eigelb zum Bestreichen
Mehl für das Backblech

1. Das Mehl in eine Schüssel sieben und mit dem Salz vermischen. Die Hefe im Wasser auflösen und mit dem Olivenöl zum Mehl geben. Alles zu einem geschmeidigen Teig verkneten. Den Teig zu einer Kugel formen, in die Schüssel legen und mit Mehl bestauben. Mit einem sauberen Tuch abdecken und an einen warmen Ort stellen. Den Teig etwa 30 Minuten gehen lassen, bis er sein Volumen verdoppelt hat.

2. Für die Füllung den Mozzarella oder Provolone in etwa 1/2 cm große Würfel schneiden, den Ricotta durch ein Sieb streichen und den Pecorino fein reiben. Die Salami in dünne Scheiben schneiden. Die Thymianblättchen abzupfen, zusammen mit dem Rosmarin hacken. Alle Käsesorten mit den Salamischeiben und mit dem Ei, der Sahne und den Kräutern vermischen. Die Masse mit Salz und Pfeffer würzen.

3. Den Teig erneut durchkneten und entweder zu einer großen, runden Platte ausrollen oder aber den Teig halbieren und beide Hälften jeweils zu einer kleineren, runden Teigplatte ausrollen. Entsprechend entweder die gesamte Füllung auf der einen Hälfte der großen Platte verteilen oder die Hälfte der Füllung jeweils auf eine Seite der kleineren Teigplatten setzen, dabei – so oder so – einen etwa 2 cm breiten Rand freilassen.

4. Diesen mit Eiweiß bestreichen, die andere Teighälfte darüberklappen und die Ränder gut andrücken. Den »neuen« Rand ringsum mit Eiweiß bestreichen und nach innen klappen. Die Calzone umdrehen und auf ein bemehltes Blech legen. Den nun entstandenen dickeren Rand mit einem Messerrücken in Abständen von etwa 1 cm eindrücken. Bei Bedarf die zweite Calzone auf die gleiche Weise fertigstellen.

5. Die Teigtasche(n) auf dem Blech nochmals 15 bis 20 Minuten gehen lassen, die Oberfläche(n) mit verquirltem Eigelb bestreichen und die Calzone bei 200 °C im vorgeheizten Ofen etwa 25 Minuten backen. Herausnehmen, nach Belieben in Stücke schneiden und servieren.

Beim Auftragen der Füllung einen 2 cm breiten Rand freilassen und diesen mit Eiweiß bestreichen. Die zweite Teighälfte darüberklappen und die Ränder gut festdrücken. Die Calzone umgedreht auf ein Blech legen und den nunmehr dicken Rand mit einem Messer in Abständen von etwa 1 cm eindrücken.

Calzone mit Zwiebeln und Tomaten

PIKANT GEFÜLLT, IST DIESE CALZONE-SPIELART AUS SIZILIEN EIN IDEALER BEGLEITER ZUM WEIN.

Hierzulande kennt man Calzone vor allem als zusammengeklappte Pizza – so kommt sie beim Italiener mal mehr, mal weniger üppig gefüllt auf den Tisch. In Italien dagegen bezeichnet man Teigtaschen der unterschiedlichsten Art als »calzoni«. Das können solche aus kräftigem Brot- oder Pizzateig sein, es gibt sie aber auch aus einem feineren Hefeteig geformt. Noch größer ist die Vielfalt bei den Füllungen, von denen die untenstehende Variante eine der köstlichsten ist. Wer will, kann statt einer großen Teigtasche nach diesem Rezept auch zwei kleine backen.

Für 1 große Calzone
400 g Weizenmehl Type 550 oder 405, 1 TL Salz
30 g frische Hefe, 1/4 l lauwarmes Wasser
3 EL Olivenöl
Für die Füllung:
300 g Zwiebeln, 100 g schwarze Oliven mit Stein
6 Sardellenfilets, 1 EL Kapern, 300 g kleine Tomaten
1 Bund Petersilie, 5 EL Olivenöl, Oregano, Salz
frisch gemahlener Pfeffer, 150 g junger Pecorino

Angenehm würzig ist die Füllung dieser Calzone: In Salz eingelegte Kapern, schwarze Oliven, Sardellen und Kräuter sind dafür verantwortlich. Aufpassen sollte man allerdings beim Würzen, damit das Ganze nicht zu salzig wird.

Sizilianischer Pecorino unterschiedlichen Reifegrades türmt sich in großen Laiben an diesem Stand in Palermo. Für dieses Rezept sollte es ein noch junger sein, der frisch gerieben sein charakteristisches Aroma am besten entfaltet.

Außerdem:
Öl für das Blech
1 Ei zum Bestreichen

1. Das Mehl in eine Schüssel sieben und mit dem Salz vermischen. Die Hefe im Wasser auflösen und mit dem Öl zum Mehl geben. Alles zu einem geschmeidigen Teig verkneten. Den Teig zur Kugel formen, in einer Schüssel mit Mehl bestauben. Mit einem sauberen Tuch abdecken und den Teig an einem warmen Ort etwa 30 Minuten gehen lassen, bis er sein Volumen verdoppelt hat.

2. Für die Füllung die Zwiebeln schälen und in Ringe schneiden. Die Oliven entsteinen und fein hacken. Die Sardellenfilets und die Kapern eben-

falls klein hacken. Die Tomaten blanchieren, häuten, Stielansätze und Samen entfernen und das Fruchtfleisch würfeln. Die Petersilie fein hacken.

3. Das Öl in einer Pfanne erhitzen und die Zwiebelringe darin zugedeckt bei schwacher Hitze weich dünsten. Die Oliven, die Sardellen, die Kapern, die Tomaten und die Petersilie untermischen. Mit Oregano, Salz sowie Pfeffer würzen und die Mischung abkühlen lassen. Den Käse grob raspeln und unter die ausgekühlte Zwiebelmasse rühren.

4. Den Teig erneut durchkneten und auf einer bemehlten Arbeitsfläche zu einem ovalen Fladen von 1/2 bis 1 cm Dicke ausrollen. Das Ei trennen.

5. Die Zwiebelmasse auf einer Teighälfte verteilen, wie oben links gezeigt, dabei einen fingerbreiten Rand frei lassen. Diesen mit Eiweiß bestreichen. Die andere Teighälfte über die Füllung klappen und den Rand gut festdrücken. Den äußeren Rand ebenfalls mit Eiweiß bestreichen und nach innen klappen. Die Calzone umdrehen, auf ein gefettetes Backblech legen und den nun entstandenen dickeren Rand mit einem Messerrücken eindrücken, wie oben links im 2. Bild gezeigt. Die Calzone zugedeckt noch etwa 20 Minuten gehen lassen.

6. Die Oberfläche mit dem verquirlten Ei bestreichen. Die Calzone bei 200 °C im vorgeheizten Ofen in 25 bis 30 Minuten goldgelb backen.

Die Walnußkerne gleichmäßig mit großem Abstand zueinander in die mit Ei bestrichenen Teigfladen drücken. Salz und Pfeffer darüberstreuen.

Fladen mit Walnüssen

ZWEI VARIATIONEN DES THEMAS – EINMAL AUS WEIZEN- UND EINMAL AUS VOLLKORNMEHL.

Kleine Walnußfladen
Für 3 Stück
500 g Weizenmehl Type 405, 20 g frische Hefe
etwa 1/4 l lauwarmes Wasser, 1/2 TL Zucker
1 gestrichener TL Salz
frisch gemahlener Pfeffer
1 kleines Ei, 1 TL weiches Schweineschmalz
1 1/2 EL Olivenöl
Für den Belag:
1 kleines Ei, verquirlt
100 g gehäutete Walnußkerne
grob gemahlener schwarzer Pfeffer, grobes Meersalz
Außerdem:
Öl für die Backbleche

Hochwertige Nüsse – am besten frisch geknackt, blanchiert und gehäutet – sollte man für die Fladenbrote verwenden, denn sie sind entscheidend für deren Geschmack.

1. Das Mehl in eine Schüssel sieben und in die Mitte eine Mulde drücken. Die Hefe hineinbröckeln und mit dem Wasser auflösen, dabei etwas Mehl vom Rand mit untermischen. Den Zucker, das Salz, etwas Pfeffer, das Ei, das Schmalz und das Olivenöl zugeben und alle Zutaten zu einem glatten Teig verarbeiten. Zu einer Kugel formen, in die Schüssel legen und mit einem sauberen Tuch zudecken. Den Teig an einem warmen, zugfreien Ort gehen lassen, bis er das Doppelte seines Volumens erreicht hat.

2. Den Hefeteig nochmals kurz durchkneten und in 3 gleich große Portionen teilen. Die Stücke auf einer bemehlten Arbeitsfläche zu runden Platten von 20 cm Durchmesser formen. Die Backbleche leicht einfetten und die Teigfladen auflegen.

3. Das Ei verquirlen und die Oberflächen der Fladen damit bestreichen. Mit den Walnußkernen belegen und würzen, wie in den beiden Bildern oben links gezeigt.

4. Die fertig belegten Fladen erneut mit einem Tuch zudecken und etwa 15 Minuten gehen lassen. Die Walnußbrote bei 200 °C im vorgeheizten Ofen 10 bis 15 Minuten backen.

Vollkornfladenbrot mit Walnüssen
500 g Grahammehl Type 1700, 25 g frische Hefe
1/4 l lauwarmes Wasser
1 gestrichener TL Salz, 1 Ei
150 g Walnüsse, grob gehackt
1 EL natives Olivenöl extra
Außerdem:
Milch zum Bestreichen
grob gemahlener schwarzer Pfeffer
grobes Meersalz

1. Aus den angegebenen Zutaten auf dieselbe Weise wie im vorherigen Rezept einen glatten Hefeteig herstellen und gehen lassen.

2. Den Vollkornteig erneut kurz durchkneten. Auf einer bemehlten Arbeitsfläche zu einem Fladen formen.

3. Die Oberfläche des Fladens mit etwas Milch bestreichen und mit grob gemahlenem Pfeffer und grobem Salz bestreuen. Auf ein gefettetes Backblech legen, mit einem Tuch zudecken und etwa 15 Minuten gehen lassen.

4. Das Vollkornfladenbrot im vorgeheizten Ofen bei 200 °C 10 bis 15 Minuten backen.

Zum Füllen die Käsemasse auf den mit Paprikastreifen belegten Boden gießen und gleichmäßig verteilen.

Banitza

EINE BLÄTTERTEIGTORTE MIT SCHAFKÄSE, WIE MAN SIE IN DER DOBRUDSCHA LIEBT.

Füllen kann man eine Banitza, bulgarisch »banica« geschrieben, recht vielfältig. Typisch ist lediglich eine ordentliche Portion Schafkäse sowie Joghurt oder saure Sahne. Außer mit Paprikastreifen könnte man diese pikante Masse beispielsweise noch mit Zwiebeln, Knoblauch, Oliven oder gebratenen Pilzen anreichern – ganz nach Geschmack oder Marktangebot. Was die Form angeht, sind bei einer Banitza der Phantasie ebenfalls keine Grenzen gesetzt: Statt einer großen Torte kann man etwa auch kleine Täschchen oder eine Pastete in der Kastenform zubereiten.

Für den Quarkblätterteig:
250 g Weizenmehl Type 405
250 g Butter
250 g Magerquark
1/2 TL Salz

Gehaltvoll scheint sie, die Banitza. Doch da der Blätterteig nicht nur mit Butter, sondern auch mit Quark zubereitet und die Käsefüllung mit Eischnee gelockert wird, kann man ein Stück davon durchaus auch als Vorspeise reichen.

Die zweite Teigplatte mit Hilfe eines Rollholzes über der Füllung abrollen. Die Ränder ringsum gleichmäßig abschneiden.

Den überstehenden Teig nach innen eindrücken und mit einem Kochlöffelstiel gut festdrücken. Mit Eigelb bestreichen.

Aus den Teigresten Dreiecke ausschneiden. Die Oberfläche damit garnieren und auch die Dreiecke mit Eigelb bestreichen.

Für die Füllung:
120 g rote Paprikaschote, 1 EL Sonnenblumenöl
400 g Schafkäse, 4 Eier
60 g sehr weiche Butter
100 g saure Sahne
Salz, frisch gemahlener Pfeffer
2 EL fein gehackter Dill
Außerdem:
1 Pie-Form von 26 cm Durchmesser
1 Eigelb, verquirlt mit 2 EL Milch

Für den Quarkblätterteig das Mehl auf eine Arbeitsfläche sieben und in die Mitte eine Mulde drücken. Die Butter in Stückchen, den Quark und das Salz hineingeben. Mit einer Gabel die Zutaten in der Mulde zerdrücken und dabei etwas Mehl einarbeiten. Mit einer Palette oder einem großen Messer alle Zutaten zu Krümeln hacken, bis das Mehl vollständig untergearbeitet ist. Erst jetzt mit

den Händen weiterarbeiten und die Krümel rasch zu einem glatten Teig verkneten. Den Teig zur Kugel formen, in Folie wickeln und etwa 30 Minuten in den Kühlschrank legen. Den Teig zu einer 1 cm dicken, 15 x 25 cm großen Platte ausrollen. Die kürzeren Seiten zur Mitte hin übereinanderschlagen, den Teig 30 Minuten kühl stellen und anschließend den ganzen Vorgang noch zweimal wiederholen; man bezeichnet diesen Vorgang als »Touren geben«. In der Zwischenzeit für die Füllung die Paprikaschote waschen, putzen, Stielansatz, Scheidewände sowie Samen entfernen und das Fruchtfleisch in feine Streifen schneiden. Das Öl in einer Pfanne erhitzen und die Paprikastreifen darin kurz anbraten, herausnehmen und abkühlen lassen. Den Käse grob zerbröckeln. Die Eier trennen und den Schafkäse mit den Eigelben, der Butter und der sauren Sahne in einem Mixer pürieren. Die Masse mit Salz, Pfeffer und Dill würzen. Die Eiweiße steif schlagen und den Eischnee unter die Käsemasse ziehen. Zum Weiterverarbeiten den Teig etwa 4 mm dick ausrollen und daraus 2 runde Teigplatten, die etwa 2 cm größer als die Form sind, ausschneiden. Eine Teigplatte in die Form legen, dabei den Rand leicht falten und gut festdrücken. Die Paprikastreifen auf dem Boden verteilen und die Käsemasse einfüllen, wie oben links gezeigt. Die zweite Teigplatte auflegen und weiterverfahren, wie in der Bildfolge links unten gezeigt. Aus der verzierten Teigoberfläche in der Mitte einen Kreis ausstechen, einen aus Alufolie geformten Kamin einsetzen und um diesen eine kleine Teigrosette anbringen. Die Banitza bei 200 °C im vorgeheizten Ofen 30 bis 35 Minuten backen, bis der Teig goldbraun ist. Alufolie entfernen und die Banitza leicht abgekühlt servieren.

Zwiebelpiroggen

HÜBSCH GEDREHTE, GOLDGELBE ZÖPFE, HERZHAFT GEFÜLLT MIT SPECK- UND ZWIEBELSTÜCKCHEN.

Sehen sie von außen wie ganz normale Hefezöpfe aus, offenbart sich im Anschnitt die Raffinesse dieser Piroggen: Wie bei einem Strudel ist die Füllung in den dünn ausgerollten Teig gewickelt, so daß weder dieser noch die Speck-Zwiebel-Masse geschmacklich und optisch zu massiv werden kann. Für die Füllung sind übrigens die dicken Gemüsezwiebeln mit ihrem milden, leicht süßlichen Geschmack ideal.

Für 6 Stück
Für den Teig:
300 g Weizenmehl Type 550, 1/2 TL Salz
15 g frische Hefe, etwa 1/8 l lauwarmes Wasser
1 Ei, 1 EL Öl
Für die Füllung:
200 g durchwachsener, geräucherter Speck
400 g Zwiebeln, 1 Knoblauchzehe
1 EL Sonnenblumenöl
frisch gemahlener Pfeffer, Salz
Außerdem:
1 Eigelb, verquirlt mit 2 EL Milch

Das Mehl in eine Schüssel sieben und das Salz untermischen. Die Hefe in dem Wasser auflösen und mit dem Ei und dem Öl unter das Mehl mischen. Alles zu einem geschmeidigen Teig verarbeiten; sollte er kleben, noch etwas Mehl unterkneten. Zur Kugel formen und den Teig zugedeckt an einem warmen Ort gehen lassen, bis er sein Volumen verdoppelt hat. Für die Füllung den Speck klein würfeln. Zwiebeln schälen und fein hacken, den Knoblauch schälen. Das Öl erhitzen und die Speckwürfel darin anbraten. Die Zwiebeln zufügen, den Knoblauch durch die Presse dazudrücken und beides glasig anschwitzen. Pfeffern und salzen, abkühlen lassen. Den Teig nochmals durchkneten und in 6 Stücke teilen. Zu kleinen Kugeln formen und diese zu ovalen Platten von etwa 15 x 30 cm ausrollen. Die Ränder mit verquirltem Ei bestreichen. Weiterverfahren, wie gezeigt. Ein Blech fetten, die Piroggen auflegen, 15 bis 20 Minuten gehen lassen. Mit dem restlichen Eigelb bestreichen. Bei 200 °C im vorgeheizten Ofen 30 bis 35 Minuten backen.

Jeweils 1/6 der Füllung auf einer Teigplatte verteilen, dabei den mit Eigelb bestrichenen Rand aussparen. Die Platte mit Hilfe einer Palette von der Längsseite her aufrollen und an den Enden zusammendrücken. Die Rolle in der Mitte abknicken und die beiden Teighälften umeinanderschlingen.

Brote mit Kräutern

UND EINEM HAUCH KNOBLAUCH – VERBREITEN EIN MEDITERRANES FLAIR.

Gebacken werden sie aus zwei ganz unterschiedlichen Teigen, weshalb zwar die Zutaten ähnlich, das Ergebnis doch jeweils ein ganz anderes ist.

Kräuterfladen
Für 3 Stück
500 g Weizenmehl Type 405
20 g frische Hefe, 1/2 TL Zucker
etwa 1/4 l lauwarmes Wasser
1 Ei, 1/2 EL weiches Schweineschmalz
1 1/2 EL Olivenöl
Salz, frisch gemahlener Pfeffer
Für die Kräutermischung:
3 Knoblauchzehen, 6 EL Olivenöl
3 EL gehackte Petersilie
1 EL gehackte Thymianblättchen
frisch gemahlener schwarzer Pfeffer
Außerdem:
grobes Meersalz

Typisch für diese Weizenmehlfladen, die beim Backen ordentlich aufgehen, ist die Kräuter-Knoblauch-Paste, mit der man sie dick bestreicht. Dabei ist die Kombination von Petersilie und Thymian natürlich keinesfalls zwingend, auch andere Kräuter können dafür verwendet werden.

Die Vollkornschrot-Kräuterfladen sind etwas kleiner und dünner, vor allem jedoch von festerer Struktur, da der Hefeanteil im Teig um einiges geringer ist.

1. Das Mehl in eine Schüssel sieben und in die Mitte eine Mulde drücken. Die Hefe hineinbröckeln, den Zucker darüberstreuen und mit dem Wasser auflösen. Mit Mehl bestauben und den Vorteig gehen lassen, bis die Oberfläche Risse zeigt.

2. Ei, Schmalz und Öl miteinander verrühren, salzen und pfeffern. Diese Mischung zum Vorteig geben, alles zu einem glatten Teig verarbeiten. Zu einer Kugel formen und den Teig zugedeckt gehen lassen, bis er sein Volumen verdoppelt hat.

3. Knoblauch schälen und fein hacken. Das Öl mit dem Knoblauch und den Kräutern verrühren und mit Pfeffer würzen.

4. Den Teig in 3 gleich große Stücke teilen und diese jeweils zu Fladen von 18 cm Durchmesser ausrollen. Ein Blech fetten, die Fladen auflegen und noch weitere 15 Minuten gehen lassen. Die Kräutermischung auf den Fladen verteilen und diese mit Meersalz bestreuen.

5. Die Kräuterfladen bei 210 °C im vorgeheizten Ofen in 10 bis 15 Minuten knusprig backen.

Vollkorn-Kräuterfladen
Für 10 Stück
500 g Weizenvollkornschrot, 10 g frische Hefe
300 bis 350 ml lauwarmes Wasser
1 gestrichener EL Salz, 100 g Butter

Außerdem:
5 EL Olivenöl, 2 Knoblauchzehen, 1/2 TL Salz
je 1 EL frisch gehackter Rosmarin und Oregano

1. Für die Vollkorn-Kräuterfladen aus den angegebenen Zutaten einen Hefeteig zubereiten. Diesen zu einer Kugel formen und zugedeckt gehen lassen, bis sich sein Volumen verdoppelt hat.

2. Den Teig in 10 gleiche Stücke teilen. Jedes zu einem Fladen von 12 bis 15 cm Durchmesser ausrollen. Mit Öl bestreichen. Knoblauch schälen und zusammen mit dem Salz mit der breiten Seite der Messerklinge zerdrücken. Die Fladen mit Knoblauch und Kräutern würzen und bei 210 °C im vorgeheizten Ofen 15 Minuten backen.

Griechisches Landbrot

DIESES MILCHBROT SOLLTE MÖGLICHST AM GLEICHEN TAG GEBACKEN UND GEGESSEN WERDEN.

Bereitet man das Brot zu wie unten beschrieben, erhält man Laibe mit einer nicht allzu harten Kruste. Mag man diese jedoch richtig schön kroß und glänzend, sollte man die Brote 5 Minuten vor Ende der Backzeit dünn mit verquirltem Eiweiß bestreichen. Dann muß jedoch das Bestauben mit Mehl vor dem Backen entfallen, denn dieses würde sich mit dem Eiweiß zu einer nicht allzu appetitlich aussehenden Schicht verbinden. Eine andere Alternative wäre, die Brote, anstatt sie mit Mehl zu bestauben, mit ungeschältem Sesam zu bestreuen. Das wäre übrigens keineswegs ein Stilbruch, denn gerade weißem Landbrot – ebenso wie Hefezöpfen oder Kleingebäck aus ungesäuertem, hellem Teig – verleiht man in Griechenland auf diese Weise gern ein wenig zusätzliches, angenehm nussiges Aroma.

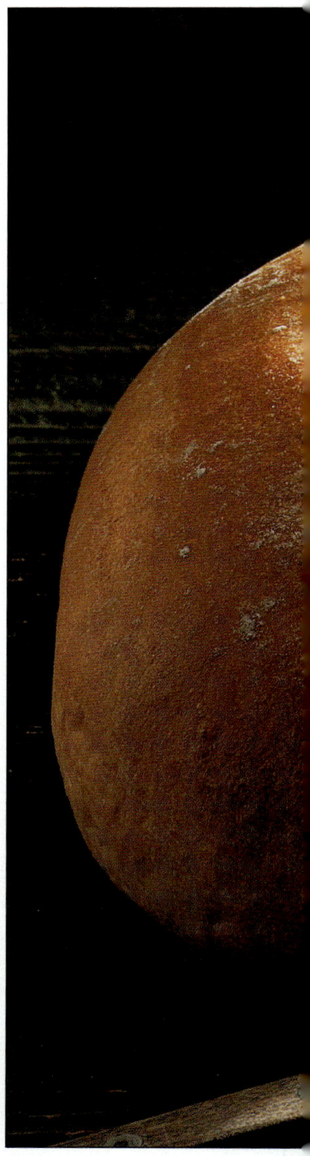

Obwohl das Landbrot eine weiche Krume hat und von leicht süßlichem Geschmack ist, paßt es auch zu Herzhaftem – etwa zu schwarzen Oliven.

In griechischen Bäckereien werden die aufgestapelten Brotlaibe meist vormittags schon über den Ladentisch gereicht – sie gehen im wahrsten Sinn weg »wie warme Semmeln«.

600 g Weizenmehl Type 405
25 g frische Hefe, 30 g Zucker
60 ml lauwarmes Wasser
1/4 l Milch
50 ml Öl, 1 1/2 TL Salz
Außerdem:
Mehl für das Blech und zum Bestauben
20 g zerlassene Butter
40 ml warme Milch

1. Das Mehl in eine Schüssel sieben und in die Mitte eine Mulde drücken. Die Hefe hineinbröckeln, den Zucker zufügen und beides mit dem Wasser auflösen, dabei etwas Mehl vom Rand mit untermischen. Den Ansatz mit Mehl bestauben. Die Schüssel mit einem Tuch abdecken

und den Teig an einem warmen, zugfreien Ort gehen lassen, bis die Oberfläche Risse zeigt.

2. Die Milch in einem Topf ganz leicht erwärmen und das Öl und das Salz einrühren. Die Mischung zum Vorteig geben und alles zu einem glatten, glänzenden Teig verarbeiten. Den Teig so lange schlagen, bis er Blasen wirft. Zu einer Kugel formen, in eine Schüssel legen und zugedeckt erneut gehen lassen, bis er das Doppelte seines Volumens erreicht hat.

3. Den Teig wieder durchkneten und halbieren. Auf einer bemehlten Arbeitsfläche 2 Kugeln formen und zu flachen Laiben mit je 20 cm Durchmesser und 2 cm Höhe formen.

4. Ein Backblech mit Mehl bestauben. Die Brotlaibe daraufsetzen und mit zerlassener Butter bepinseln. Zugedeckt nochmals 20 bis 30 Minuten gehen lassen.

5. Die Brotlaibe mit lauwarmer Milch bestreichen und mit Mehl bestauben. Bei 180 °C im vorgeheizten Ofen etwa 50 Minuten backen. Die Brote herausnehmen und auf einem Kuchengitter auskühlen lassen.

Choriátiko psomí

EIN DEFTIGES BAUERNBROT MIT WEIZEN- UND MAISGRIESS – ÜBERRASCHEND UND UNGEWÖHNLICH GEWÜRZT.

Mancherorts in Griechenland aromatisiert man »Choriátiko psomí« mit im Mörser zerstampftem Mastix. Dieses Würzmittel für Gebäck und Spirituosen wird aus dem Saft des gleichnamigen Strauches gewonnen, der vor allem auf der Insel Chios kultiviert wird. Der zwar erfrischende, aber deutlich harzige Geschmack von Mastix ist allerdings nicht jedermanns Sache, und so sieht dieses Rezept – wie übrigens durchaus auch in Griechenland üblich – als Ersatz ein Gläschen Ouzo vor. Wer dessen typisches Anisaroma ebenfalls nicht schätzt, kann ein wenig gemahlenen Koriander unter den Teig kneten und die Anissamen zum Bestreuen einfach weglassen.

Knorrige, oft uralte Olivenbäume sind der ganze Stolz vieler griechischer Bauern. Und das nicht zu Unrecht, ist doch die Qualität des aus den Früchten gepreßten Öls seit jeher berühmt.

850 g Weizenvollkorngrieß, fein gemahlen
250 g feiner Maisgrieß
50 g frische Hefe
150 ml lauwarmes Wasser
2 TL Salz, 50 g Blütenhonig
2 cl Ouzo, 50 ml Olivenöl
Außerdem:
1/2 Eigelb, mit wenig Wasser verquirlt
1 EL Anissamen
1 EL Sesamsamen

1. Beide Grießsorten in einer Schüssel miteinander vermischen und in die Mitte eine Mulde drücken. Die Hefe hineinbröckeln und mit dem Wasser auflösen, dabei etwas Grieß vom Rand mit untermischen. Den Ansatz mit etwas Grieß bestreuen. Die Schüssel mit einem Tuch bedecken und den Teig an einem warmen, zugfreien Ort gehen lassen, bis die Oberfläche Risse zeigt.

2. 400 bis 450 ml Wasser etwas erwärmen, das Salz und den Honig darin auflösen. Mit dem Ouzo und dem Olivenöl zu dem Ansatz gießen. Alle Zutaten zu einem glatten Teig verarbeiten. Dazu zunächst alles mit einem Rührlöffel vermengen und dann mit den Händen durchkneten. Den Teig erneut zugedeckt gehen lassen, bis er das Doppelte seines Volumens erreicht hat.

3. Den Teig nochmals durchkneten und zu einem runden Laib formen. Mit verquirltem Eigelb bestreichen und mit Anis- und Sesamsamen bestreuen. Die Oberfläche im Abstand von 2,5 cm mehrmals einschneiden. Zugedeckt erneut etwa 30 Minuten gehen lassen.

4. Das Brot bei 180 °C im vorgeheizten Ofen 50 bis 60 Minuten backen. Herausnehmen und auf einem Kuchengitter auskühlen lassen.

Feta, der hier in einem kleinen Laden auf dem Athener Markt für den Verkauf vorbereitet wird, heißt zu deutsch nichts anderes als »Scheibe« – und scheibenweise wird der in Lake eingelegte Schafkäse meist auch über den Ladentisch gereicht.

Gefülltes Brot

DIESES KRÄUTERWÜRZIGE »PSOMI JEMISTO« BIRGT PAPRIKA, OLIVEN, FETA UND ENDIVIE IM INNERN.

375 g Weizenvollkorngrieß, fein gemahlen
75 g Weizenvollkornmehl Type 1050
je 25 g Gerste, Hafer und Roggen, fein gemahlen
25 g frische Hefe
etwa 320 ml lauwarmes Wasser
1 TL Zuckerrübensirup (etwa 10 g)
1 TL Salz, 25 ml Olivenöl
Für die Füllung:
450 g grüne Spitzpaprikaschoten
200 g Endiviensalat

Die Füllung auf dem größeren Fladen verteilen, dabei 4 cm Rand frei lassen.

Den kleineren Teigfladen so auf die Füllung legen, daß er diese völlig bedeckt.

Das Eigelb mit 1 EL Wasser verquirlen und den Teigrand damit bestreichen.

Den Teigrand leicht gefältelt auf die obere Teigplatte klappen. Etwas andrücken.

Die Füllung für das Brot muß nicht unbedingt mit Endiviensalat zubereitet werden – man kann ihn durch grünes Blattgemüse nach Wahl ersetzen.

150 g Zwiebeln, 2 Knoblauchzehen, 3 EL Olivenöl
Salz, frisch gemahlener Pfeffer
100 g Kalamata-Oliven, 150 g Feta
2 EL gehackte Petersilie
1 EL gehackter Dill, 1/2 EL gehackte Pfefferminze
Außerdem:
1 Eigelb, Öl und Mehl für das Blech
1 EL Weizenschrot

Den Grieß und alle Mehlsorten miteinander vermischen, in die Mitte eine Mulde drücken. Die Hefe hineinbröckeln, mit 100 ml Wasser auflösen, dabei etwas Mehl vom Rand untermischen. Mit Mehl bestauben und zugedeckt gehen lassen, bis

die Oberfläche Risse zeigt. Den Sirup in dem restlichen Wasser auflösen und mit Salz sowie Öl zum Vorteig geben. Alles zu einem elastischen Teig verarbeiten. Zugedeckt etwa 1 Stunde gehen lassen. Die Paprikaschoten bei 220 °C im vorgeheizten Ofen backen, bis die Haut Blasen wirft. Herausnehmen, in einer Plastiktüte »schwitzen« lassen. Die Haut abziehen. Stielansätze, Samen und Scheidewände entfernen, das Fruchtfleisch sehr klein würfeln. Den Endiviensalat putzen, und grob hacken. Blanchieren, abtropfen und auskühlen lassen. Zwiebeln und Knoblauch schälen, fein hacken. Das Öl erhitzen, Zwiebeln und Knoblauch darin goldgelb anbraten. Die Paprikawürfel 5 Minuten mitschwitzen. Die Endivie noch 1 Minute mitgaren. Salzen, pfeffern und abkühlen lassen. Die Oliven entsteinen und klein schneiden. Den Feta zerbröckeln und mit den Kräutern unter das Gemüse heben. Den Teig halbieren. Je einen Fladen von 35 und 30 cm Durchmesser ausrollen. Weiterverfahren, wie in der Bildfolge gezeigt. Ein Backblech fetten und mit Mehl bestauben. Das Brot umgedreht darauf legen, zugedeckt 1 Stunde gehen lassen. Die Oberfläche mehrfach einstechen und mit Weizenschrot bestreuen. Das Brot bei 225 °C im vorgeheizten Ofen 10 Minuten backen, dann die Hitze auf 200 °C zurückschalten und in weiteren 25 bis 30 Minuten fertigbacken.

Kornfeld auf Hydra. Nur wenige Regionen sind in Griechenland überhaupt für den Getreideanbau geeignet. Flächen, auf denen wie hier Weizen gedeiht, werden deshalb bis in den letzten Winkel ausgenutzt.

Pikanter Osterzopf

KUNSTVOLL GEFLOCHTEN UND MIT GEFÄRBTEN, GEKOCHTEN EIERN DEKORIERT.

Zugegebenermaßen nicht ganz authentisch ist diese Variante des in Griechenland zu Ostern gebackenen Hefezopfs, »Tzurekia« genannt – der Teig ist normalerweise süßlich und wird mit Anis, Safran oder Orangenschale gewürzt. Speck und Zwiebeln sorgen in diesem Rezept dagegen für einen herzhaften Geschmack. Und damit gleich erkennbar ist, daß es sich nicht um das traditionelle Gebäck handelt, sind die Eier hier einmal blau gefärbt statt rot, wie in Griechenland üblich.

60 g Zwiebel, 40 g luftgetrockneter Speck
85 g Butter, 500 g Weizenmehl Type 405
25 g frische Hefe, 1 Prise Zucker
etwa 200 ml lauwarme Milch, 1 Ei, 1 TL Salz
Außerdem:
3 blau gefärbte Ostereier, 5 Minuten gekocht
1 Eigelb, mit etwas Wasser verquirlt
geschälte Sesamsamen zum Bestreuen

Zwiebel schälen und fein hacken, Speck fein würfeln. 10 g Butter zerlassen und die Zwiebel darin farblos anschwitzen. Den Speck 1 bis 2 Minuten mitbraten, abkühlen lassen. Das Mehl in eine Schüssel sieben und in die Mitte eine Mulde drücken. Die Hefe hineinbröckeln, mit dem Zucker in der Milch auflösen, dabei etwas Mehl vom Rand untermischen. Den Ansatz mit Mehl bestauben. Die Schüssel abdecken und den Teig gehen lassen, bis die Oberfläche Risse zeigt. Die restliche Butter zerlassen, mit Ei sowie Salz mischen und zusammen mit der Zwiebel-Speck-Mischung unter den Vorteig rühren. Alles zu einem glatten Teig verarbeiten, der Blasen wirft und sich leicht von der Schüsselwand löst. Den Teig zur Kugel formen und zugedeckt gehen lassen, bis er das Doppelte seines Volumens erreicht hat. Den Teig durchkneten und zu einer Rolle formen. Weiterverfahren, wie in der nebenstehenden Bildfolge gezeigt. Den Zopf 30 Minuten gehen lassen. Mit verquirltem Eigelb bestreichen und mit Sesam bestreuen. Den Zopf bei 200 °C im vorgeheizten Ofen 25 bis 30 Minuten backen.

Die Rolle in 4 gleich große Stücke teilen. 3 davon zu Strängen von 60 cm, 1 zu einem Strang von 120 cm Länge formen.

Die 3 kürzeren Stränge nebeneinander auf die Arbeitsfläche legen. Ab der Mitte flechten, am besten mit feuchten Händen.

Den Zopf drehen und von der zweiten Seite her fertigflechten. Die Enden des Zopfes jeweils zusammendrücken.

Den Zopf auf ein gefettetes Blech legen. In die Mitte des Zopfes der Länge nach mit dem Handrücken eine leichte Vertiefung drücken.

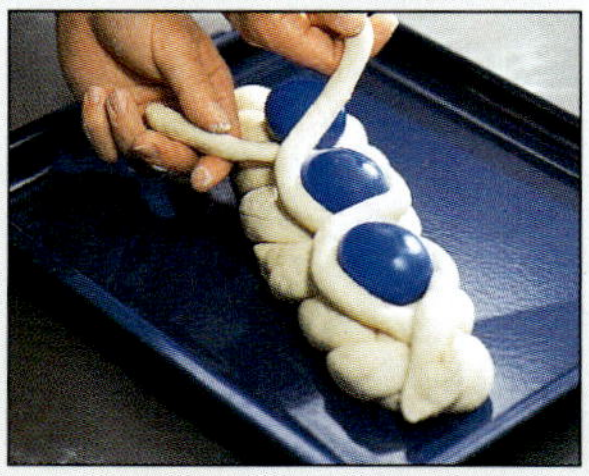

Die Eier mit etwas Abstand zueinander in die Vertiefung legen. Die lange Teigrolle in Schleifen um die Eier schlingen.

Olivenbrot

ZUSÄTZLICHEN GESCHMACK BRINGEN GANZ FEIN GEHACKTE ZWIEBELN IN DEN TEIG.

Nicht direkt aus dem griechischen Mutterland, sondern aus Zypern stammt das Rezept für dieses Olivenbrot. Durch die im Teig mitgebackenen, fleischigen schwarzen Oliven erhält es ein besonderes Aroma. Der einzige Nachteil: Da der Teig ansonsten kein Fett enthält, wird das Brot recht schnell trocken. Also macht man es am besten wie die Griechen und verzehrt das Olivenbrot am gleichen Tag, an dem es gebacken wurde. Eine ebenfalls zypriotische Variante ist etwas gehaltvoller: Statt der Oliven knetet man dazu einfach 100 g in Würfel geschnittenen Hartkäse aus Schafmilch unter den Teig. Und nun fehlt nur noch ein Glas Wein dazu – zu beiden Broten empfiehlt sich einer der leichten, trockenen nordgriechischen Rotweine, etwa der Naoussa aus Makedonien –, und schon ist eine einfache, aber köstliche Zwischenmahlzeit komplett.

So aromatisch ist das Olivenbrot, daß man es einfach pur essen kann. Wer auf einen Belag nicht verzichten möchte, kann dazu – eigentlich ungriechisch, aber lecker – frische Butter reichen.

Oliven in allen Farben und Formen erhält man lose auf griechischen Märkten oder in Spezialgeschäften wie hier in Athen. Und selbst Supermärkte bieten eine verblüffende Auswahl.

Für den Teig:
500 g Weizenmehl Type 405
20 g frische Hefe
260 ml lauwarmes Wasser
70 g Zwiebel
100 g schwarze Oliven ohne Stein, 3 TL Salz
Außerdem:
Weizenkleie zum Bestreuen des Backblechs

1. Das Mehl in eine Schüssel sieben und in die Mitte eine Mulde drücken. Die Hefe hineinbröckeln, mit dem Wasser auflösen und dabei etwas Mehl vom Rand mit untermischen. Den Ansatz mit Mehl bestauben. Die Schüssel mit einem sauberen Tuch abdecken und den Teig an einem warmen, zugfreien Ort gehen lassen, bis die Oberfläche Risse zeigt.

2. Die Zwiebel schälen und fein hacken. Die Oliven mit etwas Mehl bestauben. Zwiebelwürfel, Oliven und Salz zum Vorteig geben und alles zu einem glatten Teig verkneten. Zu einer Kugel formen, in eine Schüssel legen und den Teig zugedeckt erneut gehen lassen, bis er das Doppelte seines Volumens erreicht hat.

3. Den Teig erneut durchkneten und zu einem länglichen Laib formen. Ein Backblech mit Weizenkleie bestreuen und den Laib daraufsetzen und erneut zugedeckt an einem warmen Ort 30 Minuten gehen lasssen. Das Brot bei 200 °C im vorgeheizten Ofen etwa 35 bis 40 Minuten backen. Herausnehmen und das Olivenbrot auf einem Kuchengitter abkühlen lassen.

Walnußbrot

GERÖSTETE, GEHACKTE NÜSSE IM TEIG SORGEN FÜR BISS UND BESONDERS FEINES AROMA ZUGLEICH.

Ganz hervorragend schmeckt dieses Mischbrot zum Frühstück, frisch gebacken, mit Butter und beispielsweise einer zartbitteren Orangenmarmelade bestrichen. Die Nüsse knackt man am besten unmittelbar vor dem Backen und prüft sie sorgfältig, denn schon ein ranziger Kern kann den Geschmack des ganzen Brotes verderben.

Für den Teig:
200 g grob gehackte Walnüsse
100 g grober Weizenschrot, 2 TL Puderzucker
300 g Weizenmehl Type 550
200 g Roggenmehl Type 1370
42 g frische Hefe, 1 EL brauner Zucker
3/8 l lauwarme Milch, 3 TL Salz
Außerdem:
Mehl für das Backblech

Walnüsse, griechisch »karídia« genannt, sind in Griechenland nicht alltäglich – und nicht gerade billig, wie das Preisschild dieses Ladens beweist. Backwerk mit Walnüssen serviert man deshalb gern zu besonderen Gelegenheiten.

1. Die Walnüsse in einer beschichteten Pfanne ohne Fettzugabe unter ständigem Wenden rösten, bis sie angenehm duften. Die Nüsse aus der Pfanne nehmen.

2. Den Weizenschrot in der Pfanne ebenfalls unter Rühren leicht anrösten. Die Walnüsse untermischen. Den Puderzucker darüberstreuen und unter Rühren karamelisieren lassen. Die Mischung in eine Schüssel füllen und etwas abkühlen lassen.

3. Weizen- und Roggenmehl miteinander vermischen und über die Nußmischung sieben. In die Mitte eine Mulde drücken. Die Hefe hineinbröckeln und den braunen Zucker zufügen. Etwas Milch in die Mulde gießen und die Hefe darin unter Rühren auflösen, dabei etwas Mehl vom Rand mit untermischen. Den Ansatz mit Mehl bestauben, die Schüssel mit einem sauberen Tuch bedecken und an einen warmen, zugfreien Ort stellen. Den Ansatz etwa 15 Minuten gehen lassen, bis die Oberfläche Risse zeigt.

4. Das Salz auf den Mehlrand streuen. Die restliche Milch in die Schüssel gießen und, von der Mitte aus beginnend, alle Zutaten miteinander verrühren. Dann mit den Händen zu einem geschmeidigen Teig verkneten. Erneut abdecken und etwa 30 Minuten ruhen lassen, bis sich das Volumen deutlich vergrößert hat.

5. Den Teig durchkneten und zu einem länglichen Laib formen. Auf ein bemehltes Backblech legen, die Oberfläche mit Mehl bestauben und abgedeckt erneut etwa 45 Minuten ruhen lassen.

6. Das Brot bei 200 °C im vorgeheizten Ofen etwa 45 Minuten backen. Herausnehmen und auf einem Kuchengitter auskühlen lassen.

Frischer Dill gibt den mit Schafkäse gefüllten Fladen das besondere Aroma. Hat man ein Bund eingekauft, sollte man es gleich verarbeiten, denn das zarte Kraut welkt schnell.

Zweierlei gefüllte Fladenbrote

EINMAL MIT SCHAFKÄSE, EINMAL MIT RINDFLEISCH UND PAPRIKASCHOTEN.

Der Teig reicht für jeweils eine der beiden Füllungen. Möchte man beide gleichzeitig – etwa für eine Party – zubereiten, verdoppelt man einfach die Teigzutaten.

Für 10 Stück
350 g Weizenmehl Type 550
1/2 TL Salz, 1/2 TL Zucker
20 g frische Hefe, 175 ml lauwarme Milch, 1 Ei
Für die Käsefüllung:
250 g Schafkäse, 2 EL gehackter Dill
1 TL scharfes Paprikapulver
Für die Fleischfüllung:
300 g Rindfleisch aus der Keule
80 g Zwiebeln, 2 Knoblauchzehen
60 g hellgrüne türkische Paprikaschoten
1 türkische Peperoni, 3 EL Olivenöl
Salz, frisch gemahlener Pfeffer
1 TL edelsüßes Paprikapulver, 1/8 l Rinderfond
2 EL grob gehackte Petersilie
100 g grob geriebener Kasar peyniri
Außerdem:
Öl für das Backblech, 1 Eigelb, verquirlt

Die interessante Form erhalten die Käsefladen dadurch, daß die längeren Seiten der ovalen Teigstücke etwas über die Füllung geschlagen werden.

1. Das Mehl in eine Schüssel sieben und mit Salz und Zucker vermischen. Die Hefe in der Milch auflösen und das Ei verschlagen. Beides zum Mehl geben und aus allen Zutaten einen geschmeidigen Teig kneten. Den Teig zugedeckt etwa 30 Minuten gehen lassen, bis sich sein Volumen verdoppelt hat.

Zerbröckelter Schafkäse und Dill, alles gut gewürzt mit scharfem Paprikapulver – mehr braucht man nicht für diese »Peynirli pide« genannten pikanten Fladen, die in der Türkei gern im Straßenverkauf als Imbiß angeboten werden.

2a. Für die Käsefüllung den Schafkäse mit einer Gabel zerkrümeln. Den Dill und das Paprikapulver untermischen.

2b. Für die Fleischfüllung das Fleisch 5 mm groß würfeln. Zwiebeln schälen und fein würfeln. Knoblauch schälen und mit einem Messerrücken zerdrücken. Fruchtfleisch von Paprika und Peperoni sehr fein würfeln. Das Öl erhitzen und das Fleisch darin anbraten. Zwiebeln und Knoblauch zufügen und glasig schwitzen. Paprika- und Peperoniwürfel untermischen, kurz mitbraten. Mit Salz, Pfeffer und Paprikapulver würzen. Fond angießen und alles 15 bis 20 Minuten schmoren lassen, bis die Flüssigkeit fast verdampft ist. Die Petersilie untermischen. Abkühlen lassen.

3. Den Teig erneut durchkneten und in 10 Stücke von je etwa 60 g teilen. Auf einer leicht bemehlten Arbeitsfläche in etwa 10 bis 12 cm lange, 4 bis 5 mm dicke Ovale ausrollen. Die Käse- oder die Fleischfüllung in die Mitte setzen, das Fleisch zusätzlich mit dem geriebenen Käse bestreuen. Die Längsseiten des Teiges so über die Füllung zur Mitte hin einschlagen, daß die Füllung als langer Streifen sichtbar bleibt.

4. Die Fladenbrote auf ein gefettetes Backblech legen und 15 bis 20 Minuten gehen lassen. Mit verquirltem Eigelb bestreichen. Bei 200 °C im vorgeheizten Ofen 20 bis 25 Minuten backen.

Die Füllung für die Teigtaschen muß am Ende der Garzeit recht trocken sein, damit keine Flüssigkeit aus den Gebäckstücken auslaufen kann.

Gefüllte Teigtaschen

KREUZKÜMMEL, KNOBLAUCH UND PAPRIKA GEBEN DER FÜLLUNG AUS LAMM DIE INTERESSANTE NOTE.

Pasteten und Teigtaschen spielen in der türkischen wie auch in der griechischen Küche eine wichtige Rolle. Teils werden sie mit Spinat, teils mit Schafkäse gefüllt, oder auch mit Fleisch und Gemüse, so wie hier.

Für 10 Stück
Für den Teig:
300 g Weizenmehl Type 405
1 Eiweiß, Saft von 1/2 Zitrone
1/2 TL Salz, 250 g Butter
Für die Füllung:
300 g Lammfleisch aus der Keule
150 g weiße Zwiebeln, 1 Knoblauchzehe
80 g Möhren, 3 EL Olivenöl, 80 g Erbsen, ausgepalt
Salz, frisch gemahlener Pfeffer
1 TL scharfes Paprikapulver
1 gestrichener TL gemahlener Kreuzkümmel
1/8 l Lammfond, 2 EL gehackte Petersilie
Außerdem:
1 Eigelb zum Bestreichen, Fett für das Backblech

Die Füllung kommt jeweils in die Mitte der ausgestochenen Teigkreise, die dann zusammengeklappt werden. Zur Verzierung drückt man Kerben in den Rand und setzt Blumen aus Teig auf den Deckel der gefüllten Taschen.

1. Für den Teig das Mehl auf eine Arbeitsfläche sieben und in die Mitte eine Mulde drücken. Eiweiß, 1/8 l Wasser, Zitronensaft und Salz hineingeben und alles schnell zu einem Teig verarbeiten. Den Teig mit einem feuchten Tuch bedecken und 10 Minuten ruhen lassen.

2. Die Butter zerlassen. Den Teig auf einer leicht bemehlten Arbeitsfläche dünn ausrollen und mit der Butter begießen. Die Teigplatte von allen Seiten zusammenschlagen, ausrollen und wieder zusammenschla-

gen. Diesen Vorgang dreimal wiederholen. Den Teig zur Kugel formen und im Kühlschrank weitere 10 Minuten ruhen lassen.

3. Für die Füllung das Fleisch 1/2 cm groß würfeln. Zwiebeln und Knoblauch schälen und fein hacken. Möhren schälen und fein würfeln.

4. Das Öl in einer Pfanne erhitzen, das Fleisch darin anbraten. Zwiebeln und Knoblauch kurz mitbraten. Möhren und Erbsen zufügen, die Gewürze einstreuen und den Lammfond angießen. Die Hitze reduzieren und alles 20 bis 25 Minuten köcheln lassen. Am Ende der Garzeit sollte die Flüssigkeit vollständig verdampft sein. Die Füllung mit Petersilie bestreuen, abkühlen lassen.

5. Den Teig zu einer Platte von 30 x 50 cm ausrollen und 10 Kreise von 12 cm Durchmesser ausstechen. In die Mitte der Kreise jeweils ein Zehntel der Füllung aufsetzen. Mit beiden Händen den Teig so über die Füllung schlagen, daß die Ränder genau aufeinandertreffen und Halbkreise entstehen. Mit einem Messerrücken die Ränder gut zusammendrücken, dadurch entsteht auch das dekorative Muster. Die Oberfläche mehrmals einstechen und mit Eigelb bestreichen.

6. Aus dem restlichen Teig 10 kleine Blumen ausstechen und auf die Teigtaschen setzen. Die Teigtaschen auf ein gefettetes Backblech legen und 20 Minuten ruhen lassen. Bei 180 °C im vorgeheizten Ofen 20 bis 25 Minuten backen.

Ein marokkanischer Bäcker bei der Arbeit: Unter den Tüchern warten die zum Backen hergebrachten, geformten Brote, bis sie an die Reihe kommen. Jene im Hintergrund sind fertiggebacken und werden gleich aus dem Ofen genommen.

Anisbrot

LEICHT UND LOCKER SIND DIE MIT EINEM SCHUSS ROSENWASSER AROMATISIERTEN LAIBE.

Nordafrika galt schon vor rund 2000 Jahren als die Kornkammer Roms, kein Wunder, daß Brot auch zu den Hauptnahrungsmitteln der mittelalterlichen islamisch-arabischen Welt zählte. Für das gewöhnliche Brot mischte man schon damals Mehl, meist Weizenmehl, mit Wasser und Salz und verknetete die Masse dann mit einem Triebmittel. War der Teig gegangen, formte man Fladen daraus, die im Ofen oder auch einfach in heißer Asche gebacken wurden. Feinere Brote zeichneten sich durch Zugabe von Gewürzen aus, und wurden zudem vor dem Backen meist mit Sesam bestreut. Die arabischen Küchen sind ja berühmt für ihren Gewürzreichtum, Marokko macht da keine Ausnahme. Wem in den Souks von Marrakesch oder Fès schon einmal der verführerische Duft nach Safran oder Nelken, Zimt, Ingwer oder dem beliebten Kreuzkümmel in die Nase gestiegen ist, wird dies bestätigen. Letzterer spielt hier jedoch keine Rolle. Bei den luftiglockeren Laiben ist es vielmehr der Anis, der geschmacklich dominiert und mit Rosenwasser – »maward« – eine perfekte Verbindung eingeht. Rosenwasser, ein altes arabisches Verfeinerungsmittel für Speisen, welches sich früher nur die Reichen leisten konnten, ist ein bei der Gewinnung von Rosenöl anfallendes Nebenprodukt. Mittlerweile wird Rosenwasser jedoch auch aus dem Öl selbst hergestellt, indem man 4 Tropfen davon mit 1 l Wasser vermischt und ordentlich schüttelt.

450 g Weizenmehl Type 405
100 g Weizenvollkornschrot, 25 g frische Hefe
1 gestrichener EL Zucker
1/4 l lauwarme Milch, 3 TL Salz, 1 EL Rosenwasser
30 g zerlassene Butter, 10 g Anis
Außerdem:
10 g geschälte Sesamsamen

Seine schöne, glatte Oberfläche erhält dieses feine Brot durch Bestreichen mit Wasser, bevor man den Sesam darüber verteilt. Da das Anisbrot sich nicht allzu lange hält, am besten gleich am Backtag verzehren oder einfrieren.

Anis (*Pimpinella anisum*), ein einjähriges, im Mittelmeerraum heimisches Doldengewächs, liefert Samen mit würzigem, leicht süßlichem Geschmack, die häufig zur Verfeinerung von Broten Verwendung finden.

1. Das Mehl in eine Schüssel sieben und mit dem Weizenvollkornschrot vermischen. In die Mitte eine Mulde drücken. Die Hefe hineinbröckeln, den Zucker einstreuen und beides in der Milch auflösen, dabei etwas Mehl vom Rand untermischen. Den Ansatz mit etwas Mehl bestauben und die Schüssel mit einem sauberen Tuch abdecken. Den Teig an einem warmen, zugfreien Ort gehen lassen, bis die Oberfläche Risse zeigt.

2. Salz, Rosenwasser, Butter und Anis zum Vorteig geben und zunächst mit einem Holzlöffel alle Zutaten verrühren. Mit den Händen weiterarbeiten, dabei den Teig so lange kneten, bis er glatt und geschmeidig ist. Dafür den Teig auch aus der Schüssel nehmen und öfters »schlagen«, das bedeutet, den Teig mehrmals auf die Arbeitsfläche klatschen, damit alle Luft entweichen kann. Zur Kugel formen, in eine bemehlte Schüssel geben und den Teig zugedeckt gehen lassen, bis er sein Volumen nahezu verdoppelt hat.

3. Den Teig nochmals durchkneten und halbieren. Auf einer bemehlten Arbeitsfläche zwei Kugeln formen, diese etwas flachdrücken. Ein Blech mit Mehl bestauben. Die Laibe daraufsetzen und zugedeckt erneut kurz gehen lassen.

4. Die Anisbrote mit Wasser bepinseln und mit Sesamsamen bestreuen. Bei 210 °C im vorgeheizten Ofen etwa 40 Minuten backen. Herausnehmen, auf einem Kuchengitter auskühlen lassen.

Gemüse spielt, ebenso wie Hammel- und Lammfleisch, in der tunesischen Küche eine große Rolle. Das ganze Jahr hindurch steht – diese kleinen Läden sind nur Beispiele – eine große Auswahl davon zur Verfügung. Die diversen Gemüsesorten verwendet man vor allem im Sommer gern für erfrischende Salate.

Sauerteigbrot, in der Pfanne gebacken

SERVIERT MIT EINEM PIKANTEN SALAT AUS THUNFISCH, TOMATEN, EIERN UND OLIVEN.

Mit Olivenöl in der Pfanne zubereitet, bekommt das Brot ein ganz besonderes Aroma. Wer es allerdings etwas fettsparender zubereiten möchte und zudem über eine feuerfeste Tonplatte verfügt – ähnlich wie die, auf der die italienische Piadina zubereitet wird –, kann auch diese auf der Herdplatte langsam erhitzen und das Sauerteigbrot darauf backen, ohne daß dann ein Einfetten mit Öl notwendig wäre.

Für 2 Stück
Für den Teig:
450 g Weizenmehl Type 405, 1 TL Salz
20 g frische Hefe
1/4 l lauwarmes Wasser
80 g Sauerteig
2 EL Olivenöl
Für den Salat:
400 g Tomaten
130 g milde Peperoni
2 Knoblauchzehen
Salz, frisch gemahlener Pfeffer
100 g Thunfisch in Öl
2 hartgekochte Eier
1 EL Kapern
50 g schwarze Oliven

1. Das Mehl in eine Schüssel sieben und mit Salz vermischen. Die Hefe in dem Wasser auflösen und mit dem Sauerteig zum Mehl geben. Alles zu einem glatten Teig verkneten, sollte er kleben, noch etwas Mehl unterarbeiten. Den Ansatz mit etwas Mehl bestauben. Die Schüssel mit einem Tuch abdecken, an einen warmen, zugfreien Ort stellen und den Teig etwa 1 Stunde gehen lassen, bis sich sein Volumen verdoppelt hat.

2. Den Teig erneut durchkneten und halbieren. Auf einer bemehlten Arbeitsfläche zu zwei runden Fladen von etwa 18 cm Durchmesser ausrollen. Auf ein bemehltes Tuch legen und weitere 30 Minuten gehen lassen.

3. 1 EL Olivenöl in einer Pfanne erhitzen und einen Teigfladen darin bei mittlerer Hitze von jeder Seite 8 bis 10 Minuten backen. Herausheben und den zweiten Fladen ebenso backen.

4. Für den Salat die Tomaten blanchieren, häuten, von Stielansätzen und Samen befreien. Die Peperoni waschen, Stielansätze, Samen und Scheidewände entfernen. Den Knoblauch schälen und grob zerkleinern. Das Fruchtfleisch der Tomaten und Peperoni mit dem Knoblauch in einem Mixer grob pürieren. Salzen und pfeffern.

5. Den Thunfisch mit einer Gabel zerpflücken. Die Eier schälen und in Achtel schneiden. Die Brote auf Teller legen und die Tomaten-Peperoni-Mischung darauf verteilen. Mit Thunfisch, Ei, Kapern und Oliven belegen und mit grob gemahlenem Pfeffer bestreuen.

Salat auf Brot, diese hierzulande nicht ganz alltägliche Kombination ist in den nordafrikanischen Küchen gang und gäbe – und unbedingt einmal einen Versuch wert.

Pita

DAZU EIN VORSCHLAG FÜR EINE ERFRISCHENDE VEGETARISCHE FÜLLUNG: BUNTER PAPRIKASALAT UND JOGHURTSAUCE.

Wer mag, füllt die Fladenbrote – die man auf Vorrat zubereiten und vor dem Verzehr noch einmal aufbacken kann – mit dem Salat und reicht die Sauce separat. Oder man bestreicht die Innenseiten vor dem Füllen mit der Sauce.

Für 16 Fladen
1,2 kg Weizenmehl Type 405, 14 g Trockenhefe
3 TL Zucker, 3 TL Salz, 3 EL Olivenöl
550 ml lauwarmes Wasser
Für den Paprikasalat:
je 300 g rote und grüne Paprikaschoten
1 grüne Peperoni, 80 g rote Zwiebeln
2 Knoblauchzehen, 1 EL Weißweinessig
Salz, frisch gemahlener Pfeffer, 3 bis 4 EL Olivenöl
Für die Joghurtsauce:
200 g Salatgurke, Salz
250 g Joghurt
3 Knoblauchzehen, 2 EL Olivenöl
frisch gemahlener Pfeffer
1 EL gehackter Dill, 1/2 EL gehackte Pfefferminze

Jedes der 16 Teigstücke auf einer bemehlten Arbeitsfläche zu einer Kugel rollen.

Jede Kugel mit der Handfläche– bei Bedarf bemehlen – ein wenig flachdrücken.

Anschließend jedes Teigstück zu einem kreisrunden Fladen von 15 cm Durchmesser ausrollen.

Das Mehl sieben. Mit Hefe, Zucker, Salz, Öl und Wasser zu einem glatten Teig verkneten. Zugedeckt gehen lassen, bis sich das Teigvolumen verdoppelt hat. Erneut durchkneten und den Teig in 16 Stücke von je etwa 130 g teilen. Weiterverfahren, wie in der Bildfolge oben gezeigt. Den Ofen auf 220 °C vorheizen, dabei das Backblech im Ofen lassen. Die Fladen auf das heiße Backblech legen und 10 bis 15 Minuten backen. Inzwischen für den Salat die Paprikaschoten und Peperoni waschen, Stielansätze, Samen und Scheidewände entfernen und das Fruchtfleisch in feine Streifen schneiden. Zwiebeln und Knoblauch schälen, Zwiebeln in feine Ringe, Knoblauch in Scheiben schneiden. Aus Essig, Salz, Pfeffer und Öl eine Vinaigrette rühren, das Gemüse damit beträufeln und durchmischen. Für die Joghurtsauce die Gurke schälen, längs halbieren und die Samen entfernen. Die Gurke grob raspeln, salzen, 10 Minuten stehen lassen und das Wasser gut ausdrücken. Den Joghurt in einer Schüssel glattrühren. Knoblauch schälen und durch eine Presse dazudrücken. Gurke, Öl, Salz und Pfeffer einrühren. Mit den Kräutern bestreuen.

Sesamringe aus gewürztem Hefeteig

SOLCHE EINFACHEN KRINGEL SIND DIE VORFAHREN DER IN DEN USA SO BELIEBTEN »BAGELS«.

Statt anderer Brotsorten können diese Sesamringe in Israel zu allen Mahlzeiten des Tages gereicht werden. Aber sie schmecken nicht nur dann, sondern auch einfach als Knabberei zwischendurch. Für das Formen der Kringel gibt es einen kleinen Trick: Die Teigportionen werden zu Strängen gerollt, die an beiden Enden spitz zulaufen. Diese Enden windet man umeinander und drückt sie fest an, so daß sie beim Backen gut zusammenhalten und der Teigring geschlossen bleibt.

Über und über mit Sesam bestreut müssen die knusprigen Ringe sein. Das nussige Aroma der Samen bildet einen aparten Kontrast zu dem mit Kreuzkümmel und Koriander gewürzten Teig.

Solche Sesamringe werden nicht allein in Israel, sondern überall entlang der östlichen Mittelmeerküste gern gegessen – von Griechenland bis nach Nordafrika.

Für 16 Stück
500 g Weizenmehl Type 405
25 g frische Hefe
1/4 l lauwarmes Wasser, 1 TL Salz
1/2 TL gemahlener Kreuzkümmel
1/2 TL gemahlener Koriander
100 g zerlassene Butter
Außerdem:
Öl für das Blech
1 Ei, mit 1 EL Wasser verquirlt
2 EL geschälte Sesamsamen zum Bestreuen

1. Das Mehl in eine Schüssel sieben und in die Mitte eine Mulde drücken. Die Hefe hineinbröckeln. Etwa 100 ml Wasser zugießen und die Hefe darin unter Rühren auflösen, dabei etwas Mehl vom Rand mit untermischen. Den Ansatz mit Mehl bestauben. Die Schüssel mit einem sauberen Tuch abdecken und den Teig an einem warmen, zugfreien Ort gehen lassen, bis die Oberfläche Risse zeigt.

2. Das Salz, den Kreuzkümmel, den Koriander, die Butter und das restliche Wasser zum Vorteig geben und alle Zutaten erst mit einem Holzlöffel verrühren. Dann mit den Händen den Teig so lange kneten, bis er glatt und geschmeidig ist. Zu einer Kugel formen und zugedeckt gehen lassen, bis er das Doppelte seines Volumens erreicht hat.

3. Den Teig durchkneten und in 16 Stücke von je etwa 50 g teilen. Die Stücke zunächst zu Kugeln formen und dann zu Strängen von etwa 30 cm Länge rollen, die an den Enden spitz zulaufen. Die Enden umeinander schlingen und fest gegeneinanderdrücken.

4. Ein Backblech mit wenig Öl einfetten und die Teigringe mit etwas Abstand zueinander darauflegen. Nochmals mit dem Tuch abdecken und 15 Minuten gehen lassen.

5. Die Ringe mit der Eigelb-Wasser-Mischung bestreichen und mit Sesam bestreuen. Bei 200 °C im vorgeheizten Ofen etwa 15 Minuten backen.

Samosas

WÜRZIG GEFÜLLTE TEIGTASCHEN MIT KÜHLER TOMATEN-RAITA.

Das Falten der Teigtaschen ist nicht ganz einfach, darum empfiehlt es sich, zunächst eine »Trockenübung« mit einem Papierstreifen zu machen.

Für 14 bis 16 Stück
Für den Teig:
250 g Weizenmehl Type 405, 1 TL Salz
2 EL Öl, 1/8 l warmes Wasser
Für die Füllung:
250 g mageres Lammfleisch, 100 g Zwiebeln
1 Knoblauchzehe, 1/2 rote Chilischote, 3 EL Öl
2 TL frisch geriebene Ingwerwurzel
1/2 TL gemahlener Koriander
2 TL Currypulver für Fleisch, 1 EL Zitronensaft
1/8 l Lamm- oder Kalbsfond, 1 EL Tomatenmark
1 EL gehackte Pfefferminzblätter
Für die Tomaten-Raita:
175 g Joghurt (3,5 % Fett), 60 g Tomatenfruchtfleisch
20 g Zwiebel, Salz, frisch gemahlener Pfeffer
1 Messerspitze gemahlener Kreuzkümmel
1 TL gehacktes Koriandergrün
Außerdem:
Eiweiß zum Bestreichen, Fett zum Ausbacken
Koriandergrün zum Garnieren

1. Für den Teig das Mehl auf eine Arbeitsfläche sieben, mit dem Salz vermischen und in die Mitte eine Mulde drücken. Das Öl und die Hälfte des Wassers hineingeben, miteinander vermengen und immer mehr Mehl vom Rand untermischen. Alles zu einem glatten, geschmeidigen Teig verkneten, dabei nach und nach das restliche Wasser einarbeiten. Den Teig zur Kugel formen, in Folie wickeln und 2 Stunden kühl stellen.

2. Für die Füllung das Lammfleisch 1/2 cm groß würfeln. Die Zwiebeln schälen und fein hacken. Den Knoblauch schälen und zerdrücken. Von der Chilischote Samen und Scheidewände entfernen und das Fruchtfleisch fein hacken.

Die Tomaten-Raita bietet einen interessanten Kontrast zu den frisch ausgebackenen Teigtaschen. Für die richtige Konsistenz der Sauce ist entscheidend, daß der Joghurt kräftig aufgeschlagen wird, bevor man die übrigen Zutaten unterrührt.

Die Teigtaschen werden durch Falten der Teigstreifen hergestellt. Dazu jeweils auf einen kurzen Teigrand 1 TL Füllung setzen und die Kante diagonal über die Füllung klappen. Den Teig so lange diagonal falten, bis der Streifen aufgebraucht ist. Das Ende mit Eiweiß bestreichen und festdrücken, damit die Tasche beim Fritieren nicht aufgeht.

3. Öl in einer Pfanne erhitzen und die Zwiebeln hell darin anschwitzen. Knoblauch, Chilischote, Ingwer, Koriander, Currypulver und Zitronensaft kurz mitdünsten. Das Fleisch zufügen und unter Rühren anbraten. Den Fond angießen, alles zugedeckt bei schwacher Hitze schmoren, bis die Flüssigkeit verdampft ist. Das Tomatenmark unterrühren und kurz mitbraten. Die gehackte Minze zufügen. Die Füllung abkühlen lassen.

4. Für die Tomaten-Raita den Joghurt kräftig aufschlagen, Tomatenfruchtfleisch sowie Zwiebel fein würfeln und unterrühren, würzen.

5. Den Teig kurz kneten und auf einer leicht bemehlten Arbeitsfläche zu einer Platte von 40 x 42 cm dünn ausrollen. Streifen von 6 x 20 cm ausschneiden und daraus gefüllte Teigtaschen herstellen, wie in dem Bild unten links gezeigt.

6. Die Teigtaschen fritieren. Dazu genügend Fett in einer hohen Pfanne oder Friteuse auf 180 °C erhitzen und die Taschen portionsweise darin 2 bis 3 Minuten schwimmend ausbacken, bis sie goldgelb sind. Herausnehmen, abtropfen lassen. Die Täschchen mit der Tomaten-Raita auf Tellern anrichten und mit etwas Koriandergrün garnieren.

Chapatis, Phulkas und Pooris – die gleichen Teigfladen mal gebacken, mal gebacken und geröstet und mal fritiert.

Indische Brote

»PHULKAS« UND »POORIS« – EIN UND DERSELBE EINFACHE VOLLKORNTEIG, AUF ZWEIERLEI WEISE ZUBEREITET.

Viele der Fladenbrote Indiens, so verschieden sie auch in der Form – ob dreieckig gezogen, wie im großen Bild rechts zu sehen, ob rechteckig, rund oder oval ausgerollt – und der letztendlichen Zubereitung sein mögen, haben doch große Gemeinsamkeiten: Zum einen werden die meisten von ihnen mit »Chapati Ata« gebacken. Das ist eine spezielle Mischung aus feinem Weizenmehl und -schrot, die man mit etwas Glück in Asienläden finden kann. Nur wenig Fett wird in den Teig geknetet; meist ist es Ghee, die typisch indische, geklärte Butter. Darüber hinaus kommen alle Fladenbrote ohne Triebmittel wie Hefe oder Backpulver aus. Genau deswegen werden die meist hauchdünnen Fladen aber auch schnell hart und spröde, wenn sie lange stehen. Um das zu vermeiden, bereiten indische Hausfrauen den Teig erst im letzten Moment vor dem Essen zu, bedecken bereits gebackene Brote mit einem Tuch und stellen sie warm, bis der letzte Fladen fertig ist. Die beiden Sorten auf dieser Seite unterscheiden sich allein in der Zubereitung. Für Phulkas werden im Prinzip zuerst Chapatis gebacken, die auf der folgenden Seite noch genauer beschrieben werden, diese werden dann anschließend zusätzlich noch geröstet. Für Pooris dagegen wird der ausgerollte Teig sofort fritiert.

Für 12 Stück
125 g Chapati Ata
75 bis 80 ml lauwarmes Wasser, Salz nach Belieben
1 TL Ghee oder Pflanzenöl
Außerdem:
Pflanzenöl zum Ausbacken der Pooris

1. Das Mehl auf eine Arbeitsfläche häufen und in die Mitte eine Mulde drücken. Das Wasser hineingießen und nach Belieben salzen. Alles zu einem glatten Teig verrühren. Ghee oder Öl unterarbeiten und den Teig 8 bis 10 Minuten kneten, damit er elastischer wird. Den Teig zu einer Kugel formen, in Folie wickeln und etwa 1 Stunde bei Zimmertemperatur ruhen lassen.

2. Den Teig in 12 Stücke von je 16 g teilen. Jedes Teigstück auf einer leicht bemehlten Arbeitsfläche flachdrücken und zu einem dünnen Fladen von 15 cm Durchmesser ausrollen.

3a. Für Phulkas eine Pfanne ohne Fettzugabe stark erhitzen und die Fladen darin nacheinander zubereiten. Dafür den Teig auf einer Seite backen, bis sich die ersten braunen Flecken zeigen, dann wenden und auf der anderen Seite ebenfalls bräunen. Sollten sich die Fladen wölben, die Ränder mit einem Löffel herunterdrücken. Die Phulkas aus der Pfanne nehmen und beidseitig über offener Flamme rösten. Dabei gehen sie auf, und die Blasen werden noch stärker gebräunt.

3b. Um Pooris herzustellen, 12 Fladen aus dem Teig zubereiten, wie oben beschrieben. Das Öl in einer Pfanne oder Friteuse auf 180 °C erhitzen. Die Fladen nacheinander einlegen und auf beiden Seiten kroß ausbacken, wobei sie sich aufblähen.

Gebacken werden die Chapatis auch heute noch nach traditioneller Art in den typischen, tonnenförmigen Tandoor-Öfen, die mit Holz oder Holzkohle beheizt werden. Vor allem im Nordwesten von Punjab ist diese Zubereitung weit verbreitet.

Chapatis

DÜNNE WEIZENVOLLKORNFLADEN, DIE MAN TRADITIONELL ZU CURRIES ISST.

Denkt man als Begleitung für ein indisches Currygericht zunächst an Reis, so gilt das eigentlich nur für den Süden des großen indischen Subkontinents. Im Norden ist nämlich Weizen das wichtigere Getreide, und dort werden mit Vorliebe die »Chapati« genannten einfachen Fladen aus Weizenvollkornmehl zu den verschiedensten Currygerichten gereicht. Dementsprechend sämiger bereitet man diese dann auch zu, damit man die Sauce möglichst gut mit dem Brot aufnehmen kann. Das unten vorgestellte Rezept sieht ein Gemüsecurry zu den Chapatis vor. Wer mag, kann sie aber natürlich auch nur mit ein wenig Butter bestrichen verzehren oder zu anderen Gerichten servieren. Und da selbst viele Inder keinen Tandoor-Ofen haben, ist das Backen der Fladen in einer Pfanne keineswegs ein Stilbruch.

Für 10 Chapatis:
125 g Chapati Ata oder Weizenvollkornmehl
1/2 TL Salz, 1 TL zerlassenes Ghee oder Pflanzenöl
Für das Gemüsecurry:
180 g Zwiebeln, 3 Knoblauchzehen
2 cm frische Ingwerwurzel, 150 g Tomaten
100 g Weißkohl, 40 g Frühlingszwiebeln, 50 g Möhre
50 g Stangensellerie, 25 g Zuckerschoten
120 g rote Paprikaschote, 6 EL Öl
1 TL gemahlener Koriander
1 TL Garam Masala, 1/2 TL gemahlene Kurkuma
1/2 TL gemahlener Kreuzkümmel
1 1/2 TL edelsüßes Paprikapulver
Salz nach Bedarf, 1/2 l Gemüsefond

1. Für die Chapatis das Mehl und das Salz in einer Schüssel vermengen. 100 ml Wasser sowie das Fett mit einem Löffel unterrühren, dann alles mit den Händen zu einem weichen Teig kneten.

Für Chapatis formen die Bäcker in Indien zunächst kleine Kugeln aus dem Teig und drücken diese dann flach. Mit Hilfe eines Stoffpolsters pressen sie die Fladen dann an die heiße Wand des Ofens. Sobald die Chapatis die ersten Blasen werfen, werden sie mit Hilfe von dünnen Eisenstäben aus dem Ofen entfernt.

10 Minuten zum Quellen stehen lassen, dann in 5 Minuten zu einem glatten Teig verkneten. Diesen in 10 Portionen teilen, jedes Teigstück zu einem Fladen von 15 cm Durchmesser ausrollen.

2. Eine gußeiserne Pfanne ohne Fettzugabe erhitzen. Jeweils einen Teigfladen in die heiße Pfanne legen, bis sich die ersten braunen Flecken zeigen, dann wenden und auf der anderen Seite bräunen. Eventuell die Ränder mit einem Pfannenwender herunterdrücken. Die Fladen warm halten.

3. Für das Curry Zwiebeln, Knoblauch und Ingwer schälen und fein hacken. Tomaten blanchieren, häuten, Stielansatz und Samen entfernen, das Fruchtfleisch klein würfeln. Das restliche Gemüse putzen. Weißkohl in grobe Streifen, Frühlingszwiebeln in feine Ringe, Möhre in 8 mm große Würfel, Sellerie in 1 cm große Stücke, Zuckerschoten schräg in 2 cm breite Streifen und das Paprika-Fruchtfleisch in grobe Stücke schneiden.

4. Das Öl in einem Topf erhitzen und die gehackten Zwiebeln darin bei mittlerer Hitze in 10 bis 15 Minuten dunkelbraun braten. Knoblauch und Ingwer kurz mitbraten. Die Gewürze unter Rühren noch 30 Sekunden mitbraten. 100 ml Wasser angießen, aufkochen und so lange köcheln lassen, bis die Flüssigkeit fast verdampft ist. Tomaten zufügen und 5 Minuten mitgaren. Nach Bedarf salzen. Fond angießen und den Weißkohl zugedeckt etwa 10 Minuten mitköcheln lassen. Das restliche Gemüse zufügen und weitere 5 Minuten garen, bis es fast weich ist.

Die Fladen müssen warm gehalten werden, während man das Gemüsecurry kocht. Die Chapatis dazu am besten mit einem Tuch bedeckt in den Ofen stellen. Man kann sie zuvor auch noch mit Öl oder zerlassener Butter bestreichen. Curry und Fladenbrote dann zusammen servieren.

Kokosfladen und Parathas

IN HEISSEM GHEE ODER PFLANZENÖL KNUSPRIG-DÜNN AUSGEBACKEN.

Zum Backen der Parathas etwas Fett in einer Pfanne zerlassen – in Indien wird Ghee dafür verwendet – und die Fladen darin einzeln zunächst von einer Seite braten. Die ungebackene Oberfläche mit geklärter Butter oder Öl einpinseln, den Fladen umdrehen und von der anderen Seite braten.

Zu den »roti« – das heißt auf Hindi einfach Brot – zählen auch die beiden folgenden, köstlichen Beispiele. Parathas – mit den Chapatis verwandt – sind etwas größer als diese und unterscheiden sich außerdem durch Zugabe von Gewürzen und Kräutern wie Minze, Pfeffer oder Chilipulver. Mit Kartoffeln oder einem anderen Gemüse serviert, ergeben sie eine komplette, sehr delikate vegetarische Mahlzeit. Für die Kokosfladen empfiehlt es sich, eine ganze Nuß zu kaufen und das Fruchtfleisch selbst zu raspeln – nur das bringt den gewünschten Geschmack. Beim Kauf darauf achten, daß das Schwappen der Flüssigkeit im Innern gut zu hören ist, dann ist die Nuß noch frisch.

Kokosfladen
Für 6 Stück
100 Weizenmehl Type 550
50 g frisch geraspelte Kokosnuß
1/2 TL Salz, 1 TL Zucker
Cayennepfeffer

Zu den Parathas sind gewürzte Kartoffeln eine beliebte Beilage. Den charakteristischen Geschmack sowie die gelbe Farbe erhalten sie durch die ausgewogene Mischung spezieller Gewürze.

Außerdem:
100 g Pflanzenfett zum Ausbacken

Das Mehl in eine Schüssel sieben und die Kokosraspel untermischen. Mit Salz, Zucker und Cayennepfeffer würzen und alles gut vermengen. 4 EL Wasser nach und nach einarbeiten, bis ein geschmeidiger Teig entstanden ist. Den Teig in 6 Stücke teilen. Jedes Teigstück zu einer Kugel formen und auf einer leicht bemehlten Arbeitsfläche zu etwa 8 cm großen Fladen ausrollen. Das Fett in einer hohen Pfanne erhitzen und die Fladen darin portionsweise braten, bis sie auf beiden Seiten hellbraun sind. Sofort servieren.

Kokosfladen schmecken heiß am besten. Die etwa 8 cm großen Fladen aus einem Teig mit frischen Kokosraspeln werden in Fett ausgebacken, wobei sie sich etwas aufblähen und schön knusprig werden.

Parathas mit gewürzten Kartoffeln
Für den Teig:
125 g Chapati Ata oder Weizenvollkornmehl
75 ml lauwarmes Wasser, 2 TL Pflanzenöl
2 kleine Stengel Minze, frisch gehackt
1/2 TL grob gemahlener Pfeffer, 1/4 TL Salz
Für die gewürzten Kartoffeln:
600 g festkochende Kartoffeln
1/2 TL gemahlene Kurkuma, 1/4 TL Salz
1 rote Chilischote, 4 EL Pflanzenöl
1/2 TL gemahlener Koriander, 1/2 TL Garam masala
1/4 TL Amchur powder (Mangopulver)
Außerdem:
Ghee oder Öl zum Ausbacken

Zunächst die Kartoffeln waschen und ungeschält in einem Topf mit Wasser bedecken. Kurkumapulver und Salz einstreuen und alles 5 Minuten kochen. Inzwischen die Chilischote waschen, halbieren, Stielansatz, Samen und Scheidewände entfernen und das Fruchtfleisch fein hacken. Das Wasser der Kartoffeln abgießen. Diese etwas auskühlen lassen, schälen und in etwa 1 cm große Stücke schneiden. Das Öl im Wok oder einer Pfanne bei mittlerer Temperatur erhitzen. Chilistücke und Koriander unter Rühren kurz darin anbraten. Die Kartoffelstücke zufügen und bei niedriger Temperatur unter mehrmaligem Wenden 20 bis 25 Minuten braten. 5 Minuten vor Ende der Garzeit das Garam Masala unterrühren. Zum Schluß das Mangopulver darüberstreuen, einmal umrühren. Für die Parathas alle Zutaten in einer Schüssel zu einem glatten Teig verarbeiten und auf einer leicht bemehlten Arbeitsfläche etwa 5 Minuten kräftig durchkneten. Den Teig in 6 Stücke teilen, zu Kugeln formen und zu Fladen von 18 cm Durchmesser ausrollen. Etwas Ghee oder Öl in einer Pfanne erhitzen und die Teigfladen darin portionsweise backen, wie links oben gezeigt. Noch heiß mit den Kartoffeln servieren.

In Plantagen werden Macadamianüsse seit etwa 25 Jahren kommerziell angebaut, vielfach mit großem Erfolg. Ein ausgewachsener Baum liefert im Jahr etwa 50 kg Nüsse – ungeschält gewogen.

Macadamia Rolls

DAS FEINE NUSSAROMA DIESER WEICHEN BRÖTCHEN HARMONIERT BESONDERS GUT MIT KÄSE.

Richtig große Nußstücke gehören in diese delikaten Brötchen, denn sie müssen einfach »Biß« haben. Deshalb sollte man die Kerne, die in den Teig geknetet werden, nicht zu fein hacken. Und weil Macadamianüsse hierzulande immer noch kein ganz preiswerter Genuß sind, bestreut man die Oberfläche der Brötchen einfach mit den beim Hacken der Nüsse anfallenden Bröseln und kleineren Stückchen; so geht nichts verloren. Da die Nüsse eventuell bereits genügend Salz mitbringen – sie kommen fast ausschließlich gesalzen und geröstet in den Handel – kann man, wenn man den Salzgehalt der Brötchen insgesamt reduzieren möchte, einfach das grobe Salz zum Bestreuen weglassen. Und wer den »rolls« einmal zur Abwechslung eine andere Form geben möchte, kann aus den Teigstücken, statt sie zu Kugeln »rundzuschleifen«, etwa 30 cm lange Stränge formen, diese zu einfachen Knoten schlingen und gehen lassen, wie im Rezept beschrieben.

Die Macadamianuß, auch Queensland- oder Australische Haselnuß genannt, gehört zu den geschmacklich besten Nüssen der Welt – aber auch zu den fettreichsten.

Für 15 Brötchen
500 g Weizenmehl Type 550
1 1/2 TL Salz
1/8 l lauwarme Milch
1/8 l lauwarmes Wasser
35 g frische Hefe
100 g weiche Butter
200 g gesalzene Macadamianüsse
Außerdem:
1 Eigelb, mit 1 EL Milch verquirlt
grobes Salz

1. Das Mehl in eine Schüssel sieben und mit dem Salz vermischen. Die Milch mit dem Wasser mischen und die Hefe darin auflösen. Die Hefelösung und die Butter zum Mehl geben und alles zu einem geschmeidigen Teig verarbeiten. Die Schüssel mit einem sauberen Tuch abdecken, an einen warmen, zugfreien Ort stellen und den Teig etwa 30 Minuten gehen lassen.

2. Die Macadamianüsse grob hacken. Mit Hilfe eines groben Durchschlags die großen Nußstücke von den kleinen Bröseln trennen. Die Brösel und so viel der gehackten Nüsse zum Bestreuen der Brötchen beiseite stellen, daß 2/3 der Nußstücke für den Teig übrigbleiben.

3. Den Teig erneut durchkneten und dabei die größeren Nußstücke mit einarbeiten. Den Teig erneut 10 Minuten gehen lassen, damit er sich später besser formen läßt.

4. Aus dem Teig 15 runde Brötchen formen, diese nochmals 30 Minuten gehen lassen, bis sich ihr Volumen deutlich vergrößert hat.

5. Die Oberfläche eines jeden Brötchens mit verquirltem Eigelb bestreichen. Die restlichen Nüsse mit dem Salz vermischen und über die Brötchen streuen. Bei 200 °C im vorgeheizten Ofen etwa 20 Minuten backen.

Erdnußbrot

EIN UNGEWÖHNLICHES SAUERTEIGBROT, MIT EINEM KRÄFTIGEN SCHUSS AHORNSIRUP GEBACKEN.

Geröstete Nußstückchen werden beim Erdnußbrot unter den Teig geknetet – sie sorgen für Geschmack und »Biß« zugleich.

Auch wenn der Sauerteig bei diesem Brot in seiner Wirkung von der Hefe unterstützt wird, sollte man sich nicht weiter wundern, daß der Teig deutlich länger gehen muß als einer, der nur mit Hefe zubereitet wird. Doch der ausgewogene Geschmack und die gute Haltbarkeit des Erdnußbrots versöhnen auf jeden Fall mit dem Zeitaufwand – zumal der ja nicht mit mehr Arbeit, sondern »nur« mit Warten verbunden ist. Das typisch Kanadische an diesem Rezept ist der Ahornsirup im Teig. Dieser Sirup, der vor allem im Osten des Landes durch langsames Einkochen von Zuckerahornsaft hergestellt wird, ist mittlerweile auch bei uns fast überall problemlos erhältlich. In Kanada wird Ahornsirup nach Geschmack und Farbe klassifiziert. Die beiden besten Qualitätsstufen, als »Grad AA« und »Grad A« bezeichnet, sind süß, bernsteinfarben und haben ein feines Karamelaroma.

350 g Roggenmehl Type 997
150 g Weizenmehl Type 1050
20 g frische Hefe, 300 ml lauwarmes Wasser
75 g Sauerteig
3 EL Ahornsirup
1 EL Salz
100 g frische Erdnüsse in der Schale
Außerdem:
1 rundes Brotformkörbchen von 24 cm Durchmesser
Fett und Mehl für das Blech

1. Beide Mehlsorten in eine Schüssel sieben und in die Mitte eine Mulde drücken. Die Hefe in 75 ml Wasser auflösen, die Flüssigkeit in die Mulde gießen und mit etwas Mehl vom Rand verrühren. Den Ansatz mit Mehl bestauben, mit einem sauberen Tuch abdecken und den Teig an einem warmen, zugfreien Ort gehen lassen, bis die Oberfläche Risse zeigt.

2. Den Sauerteig mit dem restlichen Wasser, dem Ahornsirup und dem Salz verrühren und diese Mischung zum Vorteig geben. Alles zu einem glatten Teig verkneten. Den Teig zu einer Kugel formen, in die Schüssel geben und erneut zugedeckt gehen lassen, bis er das Doppelte seines Volumens erreicht hat.

3. In der Zwischenzeit die Erdnüsse schälen und grob hacken. Eine beschichtete Pfanne ohne Fett erhitzen und die Erdnüsse darin unter Rühren goldgelb rösten. Herausnehmen und leicht abkühlen lassen.

4. Die Erdnüsse in den Teig einarbeiten und diesen zu einer Kugel formen. Das Brotformkörbchen mit Mehl ausstauben und die Teigkugel hineinlegen. Zugedeckt 60 Minuten gehen lassen.

5. Ein Backblech fetten und mit Mehl bestreuen. Den gegangenen Teig aus dem Körbchen auf das Blech stürzen. Das Brot bei 210 °C im vorgeheizten Ofen etwa 55 Minuten backen. Herausnehmen, auf einem Kuchengitter abkühlen lassen.

Nutloaf

VIER VERSCHIEDENE SORTEN NÜSSE UND HONIG GEBEN DIESEM BROT SEINEN UNVERWECHSELBAREN CHARAKTER.

Wer den Nußgeschmack noch etwas verstärken möchte, kann die Nüsse nach dem Hacken in einer Pfanne ohne Fettzugabe leicht rösten, läßt sie etwas abkühlen und knetet sie dann unter den Teig. Was die Honigsorte angeht, so greift man in den USA gern zu Kleehonig. Manchmal bäckt man den »Nutloaf« statt dessen aber auch mit Ahornsirup und ersetzt dann die vier verschiedenen Nußsorten durch getrocknete Cranberries und grob gehackte Pekannüsse.

Für 2 Brote
300 g Weizenvollkornmehl
300 g Weizenmehl Type 550, 2 1/2 TL Salz
42 g frische Hefe
3/8 l lauwarmes Wasser
3 EL aromatischer Honig
je 75 g Walnuß- und Mandelkerne
je 75 g Pistazien- und Cashewkerne
Außerdem:
Mehl für das Backblech

Im kalifonischen Napa-Valley gedeihen nicht nur Weinreben ausgezeichnet – das milde Klima ist auch für den Anbau von Walnüssen ideal.

1. Die Mehlsorten in einer großen Schüssel miteinander vermischen und in die Mitte eine Mulde drücken. Das Salz auf den Mehlrand verteilen. Die Hefe in die Mulde bröckeln und mit wenig Wasser und Honig darin auflösen, dabei mit etwas Mehl vom Rand zu einem Brei verrühren. Den Ansatz mit Mehl bestauben. Die Schüssel mit einem sauberen Tuch abdecken und den Teig an einem warmen, zugfreien Ort etwa 15 Minuten gehen lassen, bis seine Oberfläche Risse zeigt.

2. In der Zwischenzeit die Nüsse nach Bedarf schälen oder häuten und mit einem schweren Messer grob hacken.

3. Den restlichen Honig in dem restlichen Wasser auflösen. Die Honiglösung nach und nach zunächst mit einem Löffel unter den Vorteig rühren und dann alles mit den Händen zu einem geschmeidigen Teig verarbeiten. Die Nüsse unterkneten. Den Teig zu einer Kugel formen und erneut in der Schüssel zugedeckt gehen lassen, bis sich sein Volumen verdoppelt hat; das dauert etwa 90 Minuten.

4. Den Teig kräftig durchkneten und halbieren. Auf einer bemehlten Arbeitsfläche zu 2 runden Broten formen. Diese auf ein bemehltes Backblech legen und nochmals zugedeckt etwa 1 Stunde gehen lassen.

5. Die Brote zunächst bei 220 °C im vorgeheizten Ofen 15 Minuten backen. Die Hitze auf 175 °C zurückschalten und die Brote weitere 20 bis 25 Minuten backen. Die Brote sind fertig, wenn man auf die Unterseite klopft und es sich dann hohl anhört. Herausnehmen und auf einem Gitter auskühlen lassen.

In den Südstaaten der USA, wie hier etwa in Charleston, setzt man auf Tradition – nicht nur in der Architektur, sondern auch kulinarisch. So wird auch heute noch in vielen Familien das Brot selbst gebacken.

Multiseed Bread

EIN MEHRKORNBROT, NACH DESSEN REZEPT MAN AUCH BRÖTCHEN BACKEN KANN.

Für 1 Kastenbrot oder 18 Brötchen
300 g Weizenvollkornmehl
150 g Hafermehl, 200 g Weizenmehl Type 550
20 g Mohnsamen, 30 g Leinsamen
30 g geschälte Sesamsamen
30 g Sonnenblumenkerne
30 g Kürbiskerne
35 g frische Hefe
550 ml lauwarmes Wasser
3 TL Meersalz, 1 EL Olivenöl
Außerdem:
Butter für das Backblech oder die Form
1 Kastenform von 30 cm Länge, nach Bedarf
beliebige Samen und Kerne zum Bestreuen

1. Die drei Mehlsorten in einer Schüssel mit den Samen und Kernen vermischen. Die Hefe in dem Wasser auflösen und mit dem Salz und dem Öl in die Schüssel gießen. Alles zunächst mit einem Löffel verrühren und dann mit den Händen oder in der Küchenmaschine zu einem glatten Teig verkneten. Der Teig darf noch feucht sein, denn Vollkornmehl nimmt beim Gehen noch viel Wasser auf. Die Schüssel mit einem sauberen Tuch abdecken und den Teig bei Zimmertemperatur etwa 90 Minuten gehen lassen, bis sich sein Volumen verdoppelt hat.

Richtig schön kernig ist dieses Brot: im Teig verbergen sich Mohn-, Sesam- und Leinsamen sowie Sonnenblumen- und Kürbiskerne. Die sind nicht nur gesund, sondern sorgen auch für eine nussige Note.

2. Den Teig für das Mehrkornbrot auf einer bemehlten Arbeitsfläche gut durchkneten. Je nach Wunsch 1 Kastenbrot oder 18 Brötchen daraus herstellen.

3a. Für das Kastenbrot den Teig zu einer etwa 30 cm langen Rolle formen und in eine gefettete breite Kastenform legen. Die Teigoberfläche mit einem scharfen Messer mehrmals quer einschneiden, mit Wasser bestreichen und mit beliebigen Samen und Kernen bestreuen. Mit einem sauberen Tuch abdecken und den Teig an einem warmen Ort gehen lassen, bis sich sein Volumen deutlich vergrößert hat; das dauert etwa 45 Minuten. Das Brot in der Form bei 200 °C im vorgeheizten Ofen 45 bis 50 Minuten backen.

3b. Für die Brötchen den Teig in 18 Stücke von je 75 g teilen und zu Kugeln formen. Mit genügend Abstand zueinander auf ein gefettetes Backblech setzen, etwas flachdrücken und in der Mitte mit einem scharfen Messer einschneiden. Die Brötchen mit etwas Wasser bepinseln und mit beliebigen Samen und Kernen bestreuen. Die Brötchen mit einem Tuch abdecken und an einem warmen, zugfreien Ort 30 bis 40 Minuten gehen lassen, bis sich ihr Volumen deutlich vergrößert hat. Bei 200 °C im vorgeheizten Ofen etwa 20 Minuten backen.

Mit Kräutern gebacken

ROGGENBRÖTCHEN UND EIN APART GEROLLTES KASTENBROT.

Roggenbrötchen mit Kräutern
500 g Roggenmehl Type 997, 50 g Sauerteig
etwa 1/2 l lauwarmes Wasser, 10 g frische Hefe
1 gehäufter EL Salz, 2 EL gehackte gemischte Kräuter
Außerdem:
Mehl für das Backblech
Sesam-, Mohnsamen und grobes Salz zum Bestreuen

1. Die Hälfte des Mehls in eine Schüssel füllen. Den Sauerteig mit dem Wasser mischen, die Hefe zerbröckeln und einrühren. Alles unter das Mehl mischen. Den Teig zugedeckt an einem warmen Ort über Nacht stehen lassen.

2. Das Salz, die Kräuter und das restliche Mehl unter den Teig kneten, gut durchschlagen. Den Teig zu Kugeln von je 50 g formen und auf ein bemehltes Backblech setzen. Die Brötchen mit Wasser bepinseln, mit Mehl bestauben, einmal einschneiden und beliebig bestreuen.

3. Die Brötchen bei 225 °C im vorgeheizten Ofen etwa 25 Minuten backen. Herausnehmen und auf einem Kuchengitter abkühlen lassen.

Die Roggenbrötchen kann man mit Kräutern ganz nach Wahl würzen, etwa mit einer Mischung aus Petersilie, Thymian und Schnittlauchröllchen.

Kastenbrot mit Kräutern und Kefir
700 g Weizenmehl Type 1050
1 TL Zucker, 2 TL Salz
1/4 l lauwarmer Kefir
1/4 l lauwarmes Wasser
42 g frische Hefe
je 1 Bund glatte Petersilie, Schnittlauch und Basilikum
einige Zweige frischer Thymian
einige Borretschblätter, 2 Knoblauchzehen
Außerdem:
1 Kastenform von 35 cm Länge
Butter für die Form
1 Eigelb, verquirlt mit 1 EL Milch

1. Das Mehl in eine Schüssel sieben und mit Zucker und Salz vermengen. Den Kefir mit dem

Wasser verdünnen und die Hefe darin auflösen. Die Hefelösung unter das Mehl rühren und alles zu einem geschmeidigen Teig verkneten. Den Teig mit einem Tuch abdecken und an einem warmen Ort 30 bis 40 Minuten gehen lassen, bis sich sein Volumen verdoppelt hat.

2. Die Kräuter waschen, trockenschleudern und ganz fein hacken oder in Röllchen schneiden. Die Knoblauchzehen schälen und ganz fein würfeln.

3. Den Teig durchkneten und auf einer bemehlten Arbeitsfläche zu einer Fläche von 30 x 50 cm Größe ausrollen. Kräuter und Knoblauch darauf verteilen und den Teig von der kurzen Seite her aufrollen. Die Form fetten.

4. Die Teigroulade in die Form legen und zugedeckt 45 Minuten gehen lassen. Die Oberfläche mit verquirltem Eigelb bestreichen. Das Brot bei 175 °C im vorgeheizten Ofen 1 Stunde backen.

Im Anschnitt offenbart das Kräuter-Kefir-Brot sein würziges Innenleben: Kräuter und Knoblauch werden wie bei einer Roulade in den Teig gerollt und mitgebacken.

Cheese Rolls

HERZHAFTE BRÖTCHEN – ENTWEDER NUR MIT KÄSE ODER NACH BELIEBEN AUCH NOCH MIT SCHINKENWÜRFELN IM TEIG.

Wurde Weizenmehl früher häufig noch mit Maismehl vermischt verbacken, so ist dies im Amerika von heute – mindestens aus Gründen der Sparsamkeit – schon lange nicht mehr nötig. Liefern doch die riesigen Felder des Mittleren Westen mehr als genug des vielseitig verwendbaren Getreides. Für diese würzigen Brötchen, die wunderbar als Snack zwischendurch oder auch als pikante Begleiter zum Abendessen gereicht werden können, empfiehlt sich nicht das sehr fein ausgemahlene Weizenmehl, sondern ein Mehl Type 550, wie es auch bei uns die Bäcker in aller Regel verwenden. Warum auch sollte man auf ein Mehr an Nährstoffen und Geschmack verzichten? Für letzteren sorgt freilich nicht das Getreide allein, sondern, neben Senfpulver und Frühlingszwiebeln, vor allem der entsprechende Käse. Er wird sowohl unter den Teig gemischt als auch auf die Brötchen gestreut. Die Amerikaner verwenden dafür ihren »Universalkäse«, den Cheddar, der dem englischen Vorbild im großen und ganzen sehr ähnelt, nur von einer etwas krümeligeren Struktur ist.

Für 20 Stück
500 g Weizenmehl Type 550, 2 gehäufte TL Salz
1 gehäufter TL Senfpulver, 90 g Cheddar
40 g Frühlingszwiebeln
150 ml lauwarme Milch
150 ml lauwarmes Wasser
35 g frische Hefe
50 g gekochter Schinken
Außerdem:
Butter für das Backblech
1/2 Eigelb, 2 EL Milch
30 g Cheddar

1. Das Weizenmehl in eine Schüssel sieben und mit dem Salz und dem Senfpulver vermengen.

2. Den Cheddar fein reiben. Die Frühlingszwiebeln putzen und in dünne Ringe schneiden. Beides zum Mehl geben und gut untermischen.

3. Die Milch mit dem Wasser vermischen und die Hefe darin auflösen. Die Hefelösung unter das Mehl-Käse-Gemisch rühren. Alles zu einem geschmeidigen Teig verkneten und diesen zu einer Kugel formen. Die Schüssel mit einem sauberen Tuch abdecken, an einen warmen Ort stellen und den Teig etwa 30 Minuten gehen lassen, bis sich sein Volumen verdoppelt hat.

4. Den Teig erneut durchkneten und halbieren. Die eine Hälfte des Teiges auf einer bemehlten Arbeitsfläche in 10 gleich große Stücke teilen und daraus jeweils runde Brötchen formen. Die Käsebrötchen auf ein gefettetes Backblech setzen.

5. Den gekochten Schinken in kleine Würfel schneiden und unter die andere Teighälfte kneten. Diese ebenfalls in 10 Stücke teilen, runde Brötchen daraus formen und auf das Backblech setzen. Alle Brötchen mit einem Tuch abdecken und nochmals 25 bis 30 Minuten gehen lassen, bis sich ihr Volumen verdoppelt hat.

6. Das Eigelb mit der Milch verquirlen und die Brötchen damit bestreichen. Den Käse zum Bestreuen fein reiben. Die Brötchen bei 200 °C im vorgeheizten Ofen 15 bis 20 Minuten backen. Nach der Hälfte der Backzeit die Brötchen mit dem Käse bestreuen und goldgelb fertigbacken.

Bagels

ZUERST GEBRÜHT, DANN GEBACKEN: DER TEIG FÜR DIESE KRINGEL BRAUCHT EINE SPEZIALBEHANDLUNG.

Ursprünglich aus der jüdischen Küche stammend, sind die lockeren Kringel in den gesamten USA sehr populär. Man verzehrt sie aufgeschnitten und – klassisch – mit Butter oder Frischkäse bestrichen. Wie hier mit einem bunten Salat gefüllt, sind sie ein ebenso gesunder wie leckerer Snack.

Pepper Bagels
Für 6 Stück
330 g Weizenmehl Type 405, 15 g frische Hefe
1/2 TL Zucker, 175 ml lauwarme Milch
25 g Butter, 1 gestrichener TL Salz, 1 Ei
Für den Belag:
1/2 Kopfsalat, 120 g kleine rote Zwiebeln
150 g rote Paprikaschoten, 180 g Salami
120 g amerikanischer Hartkäse (Monterey Jack, Colby)
6 EL Mayonnaise, 1 EL gehackte Petersilie
Außerdem:
1 Eigelb, mit 3 EL Wasser verquirlt
grob gemahlener schwarzer und weißer Pfeffer

1. Alle Zutaten zu einem elastischen Teig verarbeiten. Gehen lassen, bis er sein Volumen verdoppelt hat. Den Teig in 6 Stücke teilen und zu Kugeln formen. Mit einem Kochlöffelstiel jeweils ein Loch in die Mitte drücken und dieses durch kreisende Bewegungen des Stiels vergrößern, bis gleichmäßige Ringe geformt sind. 5 Minuten ruhen lassen.

2. Einen Topf zu 3/4 mit Wasser füllen und aufkochen. Jeweils 2 bis 3 Bagels mit der Oberseite nach unten hineinlegen und 30 Sekunden ziehen lassen. Umdrehen und weitere 30 Sekunden ziehen lassen. Mit einem Schaumlöffel herausheben und gut abtropfen lassen, auf ein mit Backpapier

Mit aufgesetztem »Deckel« lassen sich die gefüllten Kringel gut aus der Hand verzehren, auch wenn man sie nicht wieder zuklappt, wenn's ganz stilecht sein soll.

belegtes Blech legen. Die Bagels mit Eigelb einstreichen und mit dem grobgemahlenen Pfeffer bestreuen. Bei 200 °C im vorgeheizten Ofen in 20 bis 25 Minuten hellbraun backen.

3. Für die Füllung den Kopfsalat waschen und abtropfen lassen. Die Zwiebeln schälen und in Ringe schneiden. Die Paprikaschoten putzen und das Fruchtfleisch in Ringe schneiden. Die Salami in dünne Scheiben, den Käse in 3 cm lange, schmale Stifte schneiden. Die Bagels aufschneiden, die Unterseite mit etwas Mayonnaise bestreichen. Die restlichen Salatzutaten daraufschichten, mit Mayonnaise und Petersilie abschließen und jeweils den Deckel aufsetzen.

Vollkorn-Bagels
Für 16 Stück
400 g Weizenmehl Type 405
200 g Weizenvollkornmehl
200 g zarte Haferflocken
42 g frische Hefe, 2 EL Zucker
etwa 600 ml lauwarmes Wasser, 2 TL Salz
Außerdem:
1 Eiweiß zum Bestreichen
beliebige Samen und Kerne zum Bestreuen

Aus den Zutaten einen elastischen Hefeteig zubereiten und auf das Doppelte seines Volumens gehen lassen. 16 Ringe formen und zubereiten, wie im Rezept links beschrieben.

Hamburger Buns

DIE WELTWEIT BEKANNTEN WEICHEN BRÖTCHEN HIER EINMAL MIT BESONDEREM BELAG: GEGRILLTER, SAFTIGER THUNFISCH.

Bereitet man Hamburger Buns selbst zu, lohnt es sich, von Anfang an eine größere Menge zu backen. Denn die Brötchen, die man nicht gleich verwendet, kann man nach dem Abkühlen problemlos einfrieren und bei Bedarf wieder auftauen. Wer mag, kann sie dann vor der Verwendung noch einmal kurz aufbacken oder toasten – dann werden sie allerdings ein wenig knuspriger.

Für 20 Brötchen
70 g Butter
70 g Instant-Magermilchpulver
40 g Zucker, 42 g frische Hefe
350 ml lauwarmes Wasser
1 Ei, 1 Eigelb
800 g Weizenmehl Type 405
1 1/2 TL Salz
Außerdem:
Öl und Mehl für das Blech
1 Ei, mit etwas Wasser verquirlt
geschälte Sesamsamen nach Belieben

Aus dem ausgerollten Teig 10 Kreise von je 9,5 cm ausstechen. Die Kreise auf die Backbleche legen.

Die Teigstücke 10 Minuten gehen lassen, gleichmäßig mit dem verquirlten Eigelb bestreichen.

Nach Belieben die Oberfläche der Brötchen mit geschälten Sesamsamen bestreuen.

Für 4 Thunfisch-Burger
400 g frischer Thunfisch am Stück
grob zerstoßener schwarzer Pfeffer
3 bis 4 EL Pflanzenöl, Salz
einige Blätter Eichblattsalat
80 g Zwiebeln
120 g Tomaten
4 Burger-Brötchen mit Sesam
Tomaten- oder Chiliketchup

Für die Brötchen die Butter in einer kleinen Pfanne zerlassen und auskühlen lassen. In einer entsprechend großen Schüssel das Milchpulver, den Zucker und die Hefe in dem Wasser auflösen. Die Butter einrühren und alles bei Raumtemperatur etwa 10 Minuten stehen lassen. Das Ei mit dem Eigelb verquirlen und unter den Vorteig rühren. Das Mehl darüber sieben und das Salz zufügen. Alles zunächst mit einem Holzlöffel, dann mit den Händen zu einem glatten, geschmeidigen Teig verkneten. Zu einer Kugel formen und zugedeckt 1 Stunde gehen lassen. Den Teig erneut durchkneten, halbieren und auf einer bemehlten Arbeitsfläche zu zwei Platten von 1 cm Dicke ausrollen. Etwa 8 Minuten ruhen lassen. Zwei Backbleche dünn mit Öl bepinseln und mit Mehl bestauben. Weiterverfahren, wie in der Bildfolge gezeigt. Die Brötchen bei 200 °C im vorgeheizten Ofen etwa 15 Minuten backen. Herausnehmen und auskühlen lassen. Für die Thunfisch-Hamburger den Fisch unter fließendem kaltem Wasser kurz waschen, trockentupfen, in Pfeffer wälzen und in 4 Scheiben schneiden. Diese mit Öl einstreichen und unter dem vorgeheizten Grill von jeder Seite etwa 2 Minuten grillen. Aus dem Grill nehmen und salzen. Den Salat waschen und trockenschleudern. Die Zwiebeln schälen und in Ringe schneiden. Die Tomaten waschen, Stielansätze entfernen und das Fruchtfleisch in Scheiben schneiden. Die Brötchen quer halbieren. Auf jeder Brötchen-Unterseite etwas Salat, eine Scheibe Thunfisch, Tomatenscheiben und Zwiebelringe arrangieren. Mit einem Klecks Ketchup versehen. Die oberen Brötchenhälften auflegen und die Hamburger sofort servieren.

Bei der Chiliernte kann auch heute noch auf Handarbeit nicht verzichtet werden, da die feurig-scharfen Schoten nicht gleichzeitig reifen und erst abgezupt werden, wenn sie die richtige Rotfärbung aufweisen.

Weizenfladen mit scharfen Bohnen

KNUSPRIG AUSGEBACKENE TOSTADAS, WIE SIE FÜR DIE TEXMEX-KÜCHE TYPISCH SIND.

Bei den Tostadas handelt es sich genaugenommen um in Fett ausgebackene Tortillas, die dann als »Teller« für üppige Beläge dienen. Während sie in Mexiko meist mit Maismehl zubereitet werden, ist es im Süden und Südwesten der USA durchaus üblich, sie aus Weizenmehl herzustellen.

Für 4 Stück
Für den Teig:
125 g Weizenmehl Type 405
1 Messerspitze Backpulver, 1 Prise Salz
Für den Belag:
280 g grüne Spitzpaprika, 2 rote Chilischoten
80 g rote Zwiebeln, 250 g Cocktailtomaten
2 EL Öl, Salz, frisch gemahlener Pfeffer
250 g Kidneybohnen aus der Dose, 50 g Cheddar
Außerdem:
Pflanzenöl zum Ausbacken

Die knusprigen Fladen sind nicht ganz leicht zu essen, besteht doch die Hauptschwierigkeit darin, daß einem beim Abbeißen nicht gleich die Hälfte des scharf-würzigen Belags abstürzt.

1. Für den Teig das Mehl in eine Schüssel sieben, mit dem Backpulver, dem Salz und 75 ml Wasser vermengen und alles zu einem glatten Teig verkneten. In Folie wickeln und 30 Minuten ruhen lassen.

2. Für den Belag zunächst die Paprika- und Chilischoten häuten.

Aus roten Bohnen, Paprika und Chili besteht der Belag dieser Tostadas. Außerdem verbergen sich noch Cocktailtomaten und Zwiebeln unter mildem, geschmolzenem Käse.

Dafür die Schoten bei 220 °C im vorgeheizten Ofen backen, bis die Haut Blasen wirft. Die Schoten in ein feuchtes Tuch wickeln und schwitzen lassen. Die Haut abziehen. Stielansätze, Samen sowie Scheidewände entfernen und das Fruchtfleisch in dünne Streifen schneiden. Die Zwiebeln schälen und fein hacken. Cocktailtomaten waschen und klein würfeln. Die vorbereiteten Zutaten mit dem Öl vermischen, salzen und pfeffern. Die Bohnen aus der Dose abtropfen lassen.

3. Den Teig erneut durchkneten und in vier Stücke teilen. Auf einer bemehlten Arbeitsfläche zu runden Fladen von je 20 cm Durchmesser ausrollen. Mit einem Finger jeweils ein kleines Loch in die Mitte drücken, damit die Fladen beim Fritieren nicht zerplatzen. Das Fett in einer hohen Pfanne oder einer Friteuse erhitzen und die Teigfladen bei mittlerer Hitze portionsweise darin in 2 bis 3 Minuten von beiden Seiten ausbacken, bis sie sich goldbraun färben und aufblähen. Mit einem Schaumlöffel herausnehmen und auf Küchenpapier abtropfen lassen.

4. Die Paprikamischung sowie die gut abgetropften Bohnen auf den Fladen verteilen. Den Käse reiben und jeweils ein Häufchen davon auf den Belag setzen. Die Fladen bei 200 °C im vorgeheizten Ofen etwa 10 Minuten backen, bis der Käse geschmolzen ist, und sofort servieren.

Wolkenkratzer und Fast Food – Symbole des »american way of life« und häufig verunglimpft. Zu Unrecht, hätte sich sonst wohl beides – Architektur wie so manche Errungenschaft des »Schnellen Essens« – heute rund um den Globus durchgesetzt?

Deep Pan Pizza

EIN HOHER TEIGRAND SOWIE DER ÜPPIGE BELAG SIND TYPISCH FÜR SIE.

Bei dieser Pizza mit ihrem für Amerika typischen dicken Hefeteigboden treffen allerhand Einflüsse aufeinander. Italienisch inspiriert sind zum einen die Grundidee für das Gericht sowie zum anderen die gut gewürzte Hackfleischsauce, die als pikante Grundlage des Belags dient. Aus der Tex-Mex-Küche hingegen sind die roten Bohnen entlehnt, welche sich in Kombination mit Zucchini- und Paprikascheiben unter einer Schicht geschmolzenem Käse hervorragend machen.

Genauso lecker wie sie aussieht schmeckt sie auch, diese amerikanische Pizza. Wer übrigens den Monterey-Käse nicht bekommt, kann statt dessen auch einen Gouda verwenden.

Teig mehrmals einstechen. Jeweils die Hälfte der dickflüssigen Hackfleischsauce darauf verstreichen.

Darauf die Zucchinischeiben sowie die Paprikaringe und die Kidneybohnen gleichmäßig verteilen.

Zum Schluß den geriebenen Käse in Häufchen auf jeder üppig belegten Pizza verteilen.

Für 2 Stück
Für den Teig:
600 g Weizenmehl Type 550, 1 TL Salz
50 g frische Hefe, 350 ml lauwarmes Wasser, 6 EL Öl
Für die Hackfleischsauce:
150 g Möhren, 80 g Zwiebeln, 2 Knoblauchzehen
1 grüne Chilischote, 50 g Stangensellerie
200 g Tomaten, 4 EL Öl, 400 g Hackfleisch vom Rind
2 EL Tomatenmark, 500 g passierte Tomaten
Salz, Pfeffer, Paprikapulver, 1 EL gerebelter Oregano
Für den Belag:
200 g Zucchini, 240 g gelbe Paprikaschoten
200 g Kidneybohnen aus der Dose (netto 125 g)
150 g frisch geriebener Monterey Jack
2 EL gehackte Petersilie
Außerdem:
2 Pie-Formen von 30 cm Durchmesser, Butter

Für den Teig das Mehl in eine Schüssel sieben und mit dem Salz vermischen. Die Hefe in dem Wasser auflösen. Die Hefelösung und das Öl nach

und nach unter das Mehl rühren. Alles zu einem glatten Teig verkneten; sollte er kleben, noch etwas Mehl einarbeiten. Den Teig mit einem sauberen Tuch abdecken und an einem warmen Ort 20 bis 30 Minuten gehen lassen, bis sich sein Volumen etwa verdoppelt hat. In der Zwischenzeit für die Sauce die Möhren schälen und in kleine Würfel schneiden. Die Zwiebel sowie den Knoblauch schälen und beides fein hacken. Von der Chilischote Stielansatz, Samen und Scheidewände entfernen und das Fruchtfleisch klein würfeln. Den Stangensellerie putzen und in kleine Würfel schneiden. Die Tomaten blanchieren, häuten, Stielansätze und Samen entfernen und das Fruchtfleisch ebenfalls klein würfeln. Das Öl in einem entsprechend großen Topf erhitzen und die Möhren darin angehen lassen. Zwiebel- und Knoblauchwürfel zufügen und unter Rühren anschwitzen. Die Chili- sowie die Selleriestückchen unterrühren. Das Hackfleisch zufügen und unter Rühren krümelig braten. Das Tomatenmark einrühren und kurz mitbraten, die passierten Tomaten zufügen und alles noch 10 Minuten köcheln lassen. Mit Salz, Pfeffer, Paprikapulver und Oregano pikant abschmecken. Zum Schluß die Tomatenwürfel untermischen. Für den Belag die Zucchini putzen und in etwa 5 mm dicke Scheiben schneiden. Die Paprikaschoten waschen, die Stielansätze kreisförmig herausschneiden, Samen und Scheidewände entfernen und das Fruchtfleisch in etwa 4 mm dicke Ringe schneiden. Die Bohnen in ein Sieb schütten und abtropfen lassen. Den Teig auf einer leicht bemehlten Arbeitsfläche erneut durchkneten, halbieren und zu 2 Fladen, etwas größer als die Formen, ausrollen. Jeden Fladen in eine Form legen, einen hohen Rand formen und den Teig noch weitere 20 Minuten gehen lassen. Jede Pizza belegen, wie in der Bildfolge links gezeigt, und jeweils bei 200 °C im vorgeheizten Ofen etwa 30 Minuten backen. Herausholen, jede Pizza mit Petersilie bestreuen und sofort servieren.

Tortillas – im Vordergrund zu erkennen – werden hier auf einem Markt in Cardenas/Mexiko zu Tostadas ausgebacken.

Tostadas

WIE DAS ORIGINAL AUS EINEM SPEZIAL-MAISMEHL GEBACKEN.

Tortillas sind das tägliche Brot der Mexikaner: Die Fladen werden jeden Tag frisch gebacken und pur verzehrt oder zu unzähligen Gerichten, etwa zu Tostadas, weiterverarbeitet. Dabei sind die Fladen nicht nur Nahrung; sondern dienen gleichzeitig als Teller oder Besteckersatz. Um den Geschmack der echten Mais-Tortillas nachzuempfinden, ist es unerläßlich, ein bestimmtes Mehl zu verwenden. Hergestellt aus getrockneten Maiskörnern, die zuvor in Kalkwasser gekocht wurden, ist es bei uns in speziellen Geschäften unter der Bezeichnung »Masa harina« oder »Minsa« erhältlich. Während man Tortillas ohne Zugabe von Fett backt, werden die knusprigen Tostadas in heißem Öl ausgebacken. Klassisch ist der hier vorgeschlagene Belag mit Bohnenmus, Hühnerfleisch, Salat, Tomaten, Zwiebeln, Avocado, Käse und natürlich feurigen Chilischoten.

Tostadas de pollo
Für den Teig:
250 g Masa harina, 350 ml lauwarmes Wasser, Salz
Für den Belag:
100 g getrocknete schwarze Bohnen, 120 g Zwiebeln
3 Chilischoten (Chile serrano), 1 Stengel Epazote
Salz, 150 g Kopfsalat, 300 g gegartes Hühnerbrustfilet
120 g Tomaten, 1 Avocado
100 g Queso fresco oder milder Feta
20 g Schweineschmalz, 250 g Crème fraîche
Außerdem:
Fett zum Ausbacken, Koriandergrün

1. Die Bohnen für den Belag über Nacht in Wasser einweichen. Am nächsten Tag abgießen und die Bohnen in einem Topf mit frischem

Wasser bedecken. Zwiebeln schälen und 1/3 grob zerteilen. Die Zwiebelstücke zu den Bohnen geben. Die Bohnen bei mittlerer Hitze zugedeckt 1 1/2 bis 2 Stunden garen, bis sie weich sind; sie müssen immer mit Wasser bedeckt sein. Inzwischen Chilischoten putzen, die Samen nach Belieben entfernen und das Fruchtfleisch würfeln. Chilistücke und Epazote im offenen Topf 10 Minuten mitgaren. Salzen und im Mixer fein pürieren.

2. Für den Teig die Masa harina in einer Schüssel mit Wasser und Salz zu einem feuchten, elastischen Teig verrühren. Den Teig zugedeckt 1 Stunde ruhen lassen.

3. Für den Belag den gewaschenen Salat sowie das Fleisch in Streifen, die restlichen Zwiebeln in Ringe schneiden. Tomaten waschen, Stielansätze entfernen und das Fruchtfleisch in Scheiben schneiden. Avocado schälen, das Fruchtfleisch in Spalten schneiden. Den Käse zerbröckeln. Das Bohnenmus in dem Schmalz anbraten.

4. Den Teig kurz durchkneten, zu einer Rolle formen und in 10 Stücke teilen. Jedes zu einer Kugel formen und zwischen Klarsichtfolie zu Teigfladen von maximal 16 cm ausrollen. Eine hohe Pfanne 2 cm hoch mit Öl füllen, dieses erhitzen und die Fladen darin auf jeder Seite etwa 1 Minute zu goldbraunen, knusprigen Tostadas ausbacken.

5. Die Tostadas mit Bohnenmus bestreichen. Den Salat, das Hühnerfleisch, die Zwiebelringe, die Tomatenscheiben und die Avocadospalten aufschichten. Mit Crème fraîche und Käse besetzen und mit Koriandergrün garnieren.

Tostadas de pollo, mit Hühnerfleisch zubereitete Maisfladen, sind ein vollwertiges Essen, denn sie vereinen Gemüse, Hülsenfrüchte, Fleisch und Milchprodukte.

Quesadillas

MIT KÄSE GEFÜLLTE TASCHEN, EIN BELIEBTER MEXIKANISCHER SNACK.

In Mexiko bereitet man Quesadillas aus frischen Tortillas zu. Diese werden dafür erst gebacken und dann gefüllt. Bei den im folgenden Rezept vorgestellten Käsetaschen werden die Fladen dagegen roh gefüllt und dann im heißen Fett ausgebacken. Die Füllung besteht aus zart schmelzendem Queso manchego oder mildem Queso de Oaxaca. Ersatzweise kann man auch einen milden Schafkäse, etwa Feta, nehmen. Epazote – auch »Mexikanisches Teekraut« genannt – zeichnet sich durch ein zartes Zitrusaroma aus und ist von den mexikanischen Quesadillas nicht wegzudenken. Bei uns gibt es dieses Kraut leider nur selten, am ehesten dürfte es in speziellen Staudengärtnereien erhältlich sein. Als fruchtig-erfrischende Beilage zu den Quesadillas empfiehlt sich Guacamole.

Auf einem Comal, einer Tonplatte über offenem Feuer, und ohne Zugabe von Fett werden Tortillas traditionell gebacken. Sie sind gar, sobald sie sich aufzublähen und ganz leicht Farbe zu nehmen beginnen.

Sobald eine Tortilla fertig gebacken ist, kann sie gefüllt werden. Dazu trägt man die Füllung mittig auf, läßt einen Rand frei und klappt die Tortilla dann einfach zusammen.

Mexikanische Köchinnen scheuen keine Hitze. Meist arbeiten sie ohne weitere Hilfsmittel, nur mit den bloßen Händen. Hier etwa wird eine Quesadilla zusammengedrückt.

Für 12 Stück
Für den Teig:
500 g Masa harina, 50 g Weizenmehl Type 405
1 TL Backpulver, 1/2 TL Salz
1 EL geschmolzenes Schweineschmalz
Für die Füllung:
200 g Queso manchego oder Queso de Oaxaca
kleine Stengel Epazote
Für die Guacamole:
100 g Tomaten, 40 g Zwiebel, fein gehackt
2 Chilischoten (Chile serrano)
2 große, reife Avocados, Salz

1 EL grob gehacktes Koriandergrün
Saft von 1/2 Limette
Außerdem:
Öl zum Braten

1. Beide Mehlsorten mit Backpulver und Salz vermischen. Das Schmalz und etwa 700 ml Wasser unterkneten, so daß ein glatter Teig entsteht. Mit einem feuchten Tuch bedecken und 15 Minuten bei Zimmertemperatur ruhen lassen.

2. Den Käse für die Füllung fein reiben beziehungsweise in Scheiben schneiden. Den Teig erneut durchkneten und zu 12 Kugeln formen. Jede Teigkugel zwischen Klarsichtfolien zu einem Fladen von 16 bis 18 cm Durchmesser ausrollen. Die obere Folie abziehen und 2 EL Käse sowie einen kleinen Stengel Epazote auflegen, dabei einen 1 cm breiten Rand frei lassen. Die Tortilla zusammenklappen, die Folie entfernen und die Teigränder gut zusammendrücken.

3. Für die Guacamole die Tomaten blanchieren, häuten, Samen und Stielansätze entfernen und das Fruchtfleisch fein würfeln, Chilischoten klein schneiden. Avocados schälen und zerdrücken. Alle Zutaten miteinander vermengen.

4. Eine Pfanne 1 cm hoch mit Öl füllen, dieses stark erhitzen und die Quesadillas darin auf jeder Seite 2 bis 3 Minuten braten, bis sie leicht gebräunt sind. Herausheben und abtropfen lassen.

Unzählige Chilisorten werden auf mexikanischen Märkten angeboten. Sie unterscheiden sich nicht nur im Aussehen, sondern haben jeweils ihren eigenen Geschmack.

Empanadas

MIT GARNELEN GEFÜLLT: EINE SPEZIALITÄT AUS DER ÖSTLICHEN KÜSTENREGION AM GOLF VON MEXIKO.

Für die entsprechende Schärfe der Salsa sowie der Füllung sorgen hier die »Chiles jalapeño«, Vertreter einer Chilisorte, die zuweilen sehr scharf sein kann. Wer befürchtet, es könnte ihm zuviel werden, entfernt vor der Weiterverarbeitung die schärfetragenden Samen und Scheidewände.

Für 12 bis 14 Stück
350 g Masa harina, 1/2 TL Salz
1 TL edelsüßes Paprikapulver, 4 EL Pflanzenöl
Für die Füllung:
150 g Garnelen, geschält und gekocht
40 g weiße Zwiebel, 4 Knoblauchzehen
100 g Tomaten, 1 Chile jalapeño
4 EL Öl, 1 TL Piment, gemahlen
1 TL getrockneter Oregano, Salz

Für die Salsa Mexicana:
400 g Tomaten, gehäutet, ohne Samen, gewürfelt
100 g Zwiebeln und 2 Chiles jalapeño, fein gehackt
2 EL gehacktes Koriandergrün
Salz, 2 TL Limettensaft
Außerdem:
Öl zum Fritieren

1. Mehl mit Salz und Paprikapulver würzen. Öl sowie 300 bis 350 ml Wasser nach und nach einarbeiten, bis ein glatter Teig entsteht. 1 Stunde ruhen lassen.

2. Garnelen fein hacken. Zwiebel und Knoblauch schälen, Zwiebel fein hacken, Knoblauch durch eine Presse drücken. Tomaten blanchieren, häuten, Stielansätze und Samen entfernen und das Fruchtfleisch in sehr feine Würfel schneiden. Chilischote klein schneiden. Das Öl erhitzen, Zwiebel und Knoblauch darin anschwitzen. Garnelen, Tomaten- und Chiliwürfel zufügen und würzen. Alles dünsten, bis die Flüssigkeit verdampft ist.

3. Den Teig kurz durchkneten und in 12 Stücke teilen. Jeweils zwischen Klarsichtfolie ausrollen und Kreise von 10 cm Durchmesser ausstechen, Teigreste erneut ausrollen. Auf jeweils 1 Teighälfte 1 EL Füllung geben, die andere Teighälfte darüberklappen und den Rand festdrücken. Mit einem Messerrücken am Rand einkerben.

4. Reichlich Öl in einer Pfanne oder Friteuse auf 180 °C erhitzen und die Empanadas darin in 3 bis 5 Minuten goldbraun ausbacken. Herausheben und gut abtropfen lassen.

5. Alle Zutaten für die Salsa miteinander vermischen und zu den heißen Empanadas servieren.

Jeden Tag frisch zubereitet wird die Masa, der traditionelle Teig für Tortillas aus Mais und Wasser. Da ist noch viel Handarbeit gefragt, auch wenn spezielle Pressen beim Formen des Teiges wertvolle Hilfe leisten.

Mit Kartoffeln gebacken

ZWEI ORIGINELLE REZEPTE AUS DER HEIMAT DER VIELSEITIGEN KNOLLE.

Scharfe Paprikafladen
Für 2 Stück
300 g Weizenmehl Type 405
150 g geschälte, gekochte Kartoffeln
20 g frische Hefe, 120 ml lauwarme Milch, 1/2 TL Salz
Für die Tomatensauce:
450 g reife Tomaten
1/2 Lampionchili (4 g), Salz
1 TL edelsüßes Paprikapulver
180 g rote Paprikaschoten
Außerdem:
8 dünne Scheiben roh geräucherter Speck
50 g frisch geriebener Monterey Jack
8 Blättchen Epazote, 1 EL natives Olivenöl extra

1. Das Mehl sieben. Die Kartoffeln durch eine Kartoffelpresse dazudrücken und eine Mulde formen. Die Hefe hineinbröckeln, mit der Milch auflösen und etwas Mehl vom Rand untermischen. Den Ansatz mit Mehl bestauben und zugedeckt gehen lassen, bis die Oberfläche Risse zeigt.

2. Salz zum Vorteig geben und alles zu einem glatten Teig verkneten, nach Bedarf noch Milch zufügen. Den Teig zu einer Kugel formen, gehen lassen, bis sich sein Volumen verdoppelt hat.

3. Die Tomaten häuten, putzen und vom Stielansatz befreien, das Fruchtfleisch grob zerkleinern. Von der Chilischote Stielansatz, Samen und Scheidewände entfernen. Die Schote zusammen mit den Tomaten im Mixer fein pürieren, mit Salz und Paprikapulver würzen. Die Paprikaschoten von Stielansatz, Samen und Scheidewänden befreien und das Fruchtfleisch in 1/2 cm große Würfel schneiden.

Die Paprikafladen erhalten ihren speziellen Pfiff durch das zarte Zitrusaroma von Epazote, einem Gewürzkraut, das vorwiegend in Mittelamerika kultiviert wird, und dem amerikanischen »Pizzakäse« Monterey Jack.

4. Den Kartoffelteig halbieren und zu 2 Fladen von 26 cm Durchmesser ausrollen. Diese 2 cm breit einschlagen, die Fladen umgedreht auf ein bemehltes Backblech legen und jeweils einen Rand formen.

5. Die Fladen mit der Sauce bestreichen, den Rand frei lassen. Bei 200 °C im vorgeheizten Ofen 10 Minuten backen. Herausnehmen, in die Mitte je 4 Scheiben Speck legen. Noch 5 Minuten backen, mit Käse sowie Epazote bestreuen, mit Öl beträufeln und in 8 bis 10 Minuten fertigbacken.

Fritierte Kartoffelbällchen
Für 15 bis 20 Stück
250 g mehligkochende Kartoffeln
200 g Weizenmehl Type 405, 1/2 TL Salz
frisch gemahlener weißer Pfeffer, 20 g frische Hefe
120 ml lauwarme Milch, 20 g Rosinen
100 g gereifter Hartkäse, 100 g Salami
Außerdem:
Pflanzenöl zum Ausbacken

1. Die Kartoffeln in der Schale weich kochen. Warm schälen und durch eine Kartoffelpresse in eine Schüssel drücken. Das Mehl darüber sieben, salzen, pfeffern. Die Hefe in der Milch auflösen, zufügen und alles zu einem glatten Teig verkneten. Zugedeckt 30 Minuten gehen lassen.

2. Die Rosinen in wenig lauwarmem Wasser einweichen. Den Käse und die Salami 4 mm groß würfeln. Die Rosinen abtropfen lassen. Zusammen mit den Käse- und Salamiwürfeln unter den Teig kneten. Den Teig zugedeckt 15 Minuten gehen lassen.

3. Das Öl in einer Friteuse oder Pfanne auf 150 °C erhitzen. Mit einem Eßlöffel Teigbällchen abstechen, nacheinander in 5 bis 6 Minuten ausbacken.

Pan con especias

CHILISCHOTEN, KNOBLAUCH UND KÜMMEL ODER ABER VERSCHIEDENE KRÄUTER BRINGEN EINE NEUE, UNGEWÖHNLICHE NOTE IN DEN TEIG.

Am besten läßt man das Brot einen oder zwei Tage durchziehen, so können sich die Aromen am besten entfalten.

Gewürzbrot
500 g Weizenmehl Type 405, 42 g frische Hefe
etwa 400 ml lauwarme Milch
1/2 rote Chilischote, 1 Knoblauchzehe
1 1/2 TL Salz, 1 TL gemahlener Kümmel
Außerdem:
1 Kastenform von 25 cm Länge, Butter für die Form

1. Das Mehl in eine Schüssel sieben und in die Mitte eine Mulde drücken. Die Hefe in der Milch auflösen, in die Mulde gießen und mit etwas Mehl vom Rand vermischen. Den Ansatz mit Mehl bestauben und den Vorteig zugedeckt gehen lassen, bis die Oberfläche Risse zeigt.

Die Kräuterbrötchen sind – frisch aus dem Ofen – ein wahrer Genuß, duften sie doch nach Korianderkraut und Minze. Am besten schmecken sie, einfach nur mit Butter oder Schmalz bestrichen, zum Wein oder Bier.

2. Von der Chilischote Samen und Scheidewände entfernen und das Fruchtfleisch fein hacken. Knoblauch schälen, fein hacken. Den weichen Teig am besten mit den Knethaken der Küchenmaschine kneten, dabei die restlichen Zutaten untermischen. Den Teig erneut gehen lassen.

3. Teig kurz durchkneten, zu einem länglichen Laib formen, in die gefettete Form setzen und bei 200 °C im vorgeheizten Ofen 1 Stunde backen.

Kräuterbrötchen
350 g Weizenmehl Type 405, 50 g Weizenschrot
42 g frische Hefe, 50 ml lauwarme Milch
1/2 rote Chilischote, 40 ml Öl, etwa 1/8 l Gemüsefond
2 EL gehackte Petersilie, 1 EL Schnittlauchröllchen
1 TL Koriandergrün und Pfefferminze, gehackt
3 TL Salz, 40 g Zucker

1. Das Mehl in eine Schüssel sieben, mit dem Weizenschrot mischen und in die Mitte eine Mulde drücken. Die Hefe in der Milch auflösen, in die Mulde geben und unter Rühren etwas Mehl vom Rand mit untermischen. Den Ansatz mit Mehl bestauben. Den Teig zugedeckt an einem warmen Ort gehen lassen, bis die Oberfläche Risse zeigt.

2. Von der Chilischote Samen und Scheidewände entfernen und das Fruchtfleisch fein hacken. Zusammen mit den restlichen Zutaten zum Vorteig geben und alles mit dem Knethaken einer Küchenmaschine 10 Minuten kneten. Den Teig zu einer Kugel formen und erneut gehen lassen, bis er das Doppelte seines Volumens erreicht hat.

3. Den Teig kurz durchkneten, auf einer bemehlten Arbeitsfläche in 8 Stücke von je 80 g teilen und zu Kugeln formen. Auf ein bemehltes Blech setzen und flach drücken, damit sie schöne Halbkugel-Brötchen ergeben. Diese mit Mehl bestauben, zugedeckt nochmals gehen lassen und bei 210 °C im vorgeheizten Ofen 30 Minuten backen.

Zum Backen von Brot braucht es nur wenige spezielle Geräte. Wichtig sind eine leistungsstarke Küchenmaschine zum Kneten des Teiges sowie verschiedene Backbleche und Formen – ohne die geht es nicht. Hilfreich sind außerdem sogenannte Brotformkörbchen, die den Teiglaib während des Gehens in eine schöne Form bringen.

1 Küchenmaschine
2 Steinflocker
3 Aufsatz für die Küchenmaschine zum Getreidemahlen
4 Mehlsieb
5 Schüsselsatz
6 Schneekessel
7 Backblech und Backformen. Von rechts: Briocheförmchen, Pie-Formen, Pastetenförmchen, Tortelett-Förmchen mit herausnehmbaren Böden, Quiche-Form
8 Kuchengitter
9 Ölkännchen
10 Teigrädchen
11 Backpinsel
12 Breite Kastenformen zum Brotbacken
13 ovale und runde Brotformkörbchen aus Rattan
14 Spezial-Tonplatte zum Backen von Piadina
15 Ausstechringe und Ausstecher in verschiedenen Größen
16 Teigkneifer für Pasteten
17 Meßbecher
18 Zeitmesser
19 Küchenwaage
20 Lineal
21 Rollholz
22 Palette
23 Brotmesser
24 Allzweckmesser
25 Spachtel
26 Teigschaber

Register

Warenkundliche sowie verarbeitungstechnische Informationen sind kursiv geschrieben. Alle anderen Stichwörter beziehen sich auf die Rezepte.

TEUBNER EDITION

KOCHEN
216 Seiten mit 413 Farbfotos
Format: 21,5 x 27,5 cm
ISBN 3-7742-2684-9
TE-Bestell-Nr. 320

BACKEN
216 Seiten mit 505 Farbfotos
Format: 21,5 x 27,5 cm
ISBN 3-7742-1549-9
TE-Bestell-Nr. 321

NUDELN
216 Seiten mit 424 Farbfotos
Format: 21,5 x 27,5 cm
ISBN 3-7742-2857-4
TE-Bestell-Nr. 322

GEMÜSE
216 Seiten mit 405 Farbfotos
Format: 21,5 x 27,5 cm
ISBN 3-7742-2801-9
TE-Bestell-Nr. 323

FISCH UND MEERESFRÜCHTE
216 Seiten mit 420 Farbfotos
Format: 21,5 x 27,5 cm
ISBN 3-7742-2076-X
TE-Bestell-Nr. 324

AUFLÄUFE, SOUFFLES & GRATINS
216 Seiten mit 424 Farbfotos
Format: 21,5 x 27,5 cm
ISBN 3-7742-2813-2
TE-Bestell-Nr. 325

DESSERTS
216 Seiten mit 432 Farbfotos
Format: 21,5 x 27,5 cm
ISBN 3-7742-2823-X
TE-Bestell-Nr. 328

VEGETARISCH
216 Seiten mit 405 Farbfotos
Format: 21,5 x 27,5 cm
ISBN 3-7742-2831-0
TE-Bestell-Nr. 327

GEFLÜGEL
216 Seiten mit 424 Farbfotos
Format: 21,5 x 27,5 cm
ISBN 3-7742-2802-7
TE-Bestell-Nr. 326

FLEISCH
216 Seiten mit 377 Farbfotos
Format: 21,5 x 27,5 cm
ISBN 3-7742-3598-8
TE-Bestell-Nr. 329

SALATE
216 Seiten mit 387 Farbfotos
Format: 21,5 x 27,5 cm
ISBN 3-7742-3599-6
TE-Bestell-Nr. 330

SUPPEN
216 Seiten mit 362 Farbfotos
Format: 21,5 x 27,5 cm
ISBN 3-7742-3588-0
TE-Bestell-Nr. 331

Impressum

Copyright	© 1999 by Teubner Edition Grillparzerstr. 12, D-87620 München Teubner Edition ist ein Unternehmen des Verlagshauses Gräfe und Unzer, Ganske Verlagsgruppe Teubner-Leserservice@graefe-und-unzer.de
Kochstudio und Rezeptentwicklung	Barbara Mayr, Anja Schäfer, Oliver Brachat
Fotografie	Christian Teubner, Odette Teubner, Andreas Nimptsch, Ulla Mayer-Raichle
Redaktion	Dr. Alexandra Cappel, Katrin Wittmann, Dr. Ute Paul-Prößler (oec.troph.), Monika Römer
Layout/DTP	Christian Teubner, Annegret Rösler, Gabriele Wahl, René Fuchs
Administration	Angelika Mayr
Reproduktion	PHG Lithos GmbH, Martinsried, D-82152 Planegg
Druck	Dr. Cantz'sche Druckerei, GmbH & Co., D-73760 Ostfildern
Auflage	5. 4. 3.
Jahr	2005 2004 2003

ISBN 3-7742-3084-6

GRÄFE UND UNZER

Ein Unternehmen der
GANSKE VERLAGSGRUPPE